JN012975

東京23区境界の謎

浅井建爾

自由国民社

葛飾区
荒川区
台東区
墨田区
文京区
江戸川区
中央区
江東区

はじめに

2020年は日本にとって、特に思い出に残る年となるのではないだろうか。

オリンピックイヤーであり、しかも開催地は日本の首都・東京である。

東京オリンピックが開催されるのは、1964年以来実に56年ぶりとなる。

海外からも多くの選手や観客、観光客が訪れ、東京がにわかに注目を浴びることは想像に難くない。


1590年に徳川家康が江戸城に入城し、1603年に江戸幕府を開いてから430年。

いまや東京は世界に名だたる大都市へと発展した。

森記念財団都市戦略研究所が2019年に発表した「世界の都市ランキング」の経済分野ではニューヨーク、ロンドン、北京に次ぐ4位につけている。


ところで、**東京都のことをどのくらい知っているだろうか？**

東京都は、23特別区と26市、それに郡部や島しょ部5町8村から成り立っている。面積は2193㎢（2018年4月17日時点）、人口は約1394万人（2019年10月時点、東京都推計）である。

世界の国別人口は1位中国、2位インドであることは多くの人が知るところだが、都市圏人口となると東京が1位に躍り出る。

だが、東京が昔から今のような形に定まっていたわけではない。土地の取り合いや区境の攻防など、長い年月の間にはさまざまな紆余曲折があったのだ。

たとえば、今23区におさまっている特別区も、歴史をたどれば100以上の区に分かれていた時期もある。それが一気に15区と6郡に再編され、35区→22区になって、今の23区に落ち着いたという経緯があるのだ。

区と近隣の市や県との境は幾度となく変更が繰り返されてきた。いまだに境界が不明な「境界未定地」も存在する。

さらに言えば、東京都は今でも面積や境界が変わる可能性をおおいに秘めている。

そう、地形と境界という面から見ても、東京は今も変化し続けているということがおわかりいただけるはずだ。

本書では、そういった**「生きた東京」**をぜひ楽しんでほしい。

東京への興味を増すきっかけとなれば幸いである。

浅井建爾

目次

第一章　東京が23区になるまでの長い長い道のり　15

第三章
区境をめぐる激しい争い　107

第四章　地図・地名から東京を知る　157

第五章　東京23区の意外な境界線　

第一章
東京が23区になるまでの長い長い道のり

徳川家康が江戸に城を構えてから、いくつものドラマが繰り広げられ、東京都は現在のような23区におさまった。

ここに至るまでのさまざまな動きをご紹介していきたいと思う。

1

東京の中心はかつて「海の中」だった

いまや、世界屈指の巨大都市となった、日本の首都・東京。

その基盤をつくったのは、江戸幕府を開いた初代将軍・**徳川家康**であることは、今さら言うまでもないことだろう。

では、江戸幕府が開かれてから、どのような経過をたどって23区から成《な》る「大東京」が形成されていったのだろうか。

東京が現在の姿になるまでには、紆余曲折があった。23区の「区境」にはさまざまなドラマが秘められ、歴史が刻まれているのだ。

その東京23区の区境の変遷をたどってみることは、東京を知る上で不可欠であり、非常に有意義なことと言えるだろう。

時代は戦国時代にまでさかのぼる。

１５９０（天正18）年、豊臣秀吉は小田原征伐により、後北条氏（小田原北条氏）を滅ぼし、ついに天下統一を果たした。秀吉は、小田原征伐に従軍して戦功をあげた徳川家康に後北条氏の旧領を与え、関八州（相模《さがみ》・武蔵《むさし》・安房《あわ》・上総《かずさ》・下総《しもうさ》・常陸《ひたち》・上野《こうずけ》・下野《しもつけ》の8カ国の総称）の開拓に当たらせたのである。

家康は秀吉の命《めい》に従い、江戸に居城を構えた。もし家康が、江戸ではなく小田原などほかの地を本拠地としていたら、東京の歴史は大きく塗り替わっていたことだろうし、この地に今のような巨大都市が出現することもなかったのではないだろうか。

家康がまず手掛けたのが、**「運河」**の開削だった。城への物資の輸送を円滑にするために、船舶の交通路となる運河が重要な役割を果たすと考えたからである。

家康が入城した頃の江戸は、あたり一面に湿地が広がる寒村に過ぎなかったという。現在の東京からは想像もつかないような、荒涼とした風景が広がっていたと推察される。入江が湾奥深くまで入り込み、その東側には「江戸前島」という、芦が茂る小さな半島が南に突き出していた。現在、東京の都心部を形成している大手町から丸の内にかけてのビジネス街は、当時は「日比谷入江」という海の中だったのである。

その後、１６００（慶長5）年、家康は関ケ原の戦いで石田三成を破って覇権を握る。１６０３年に征夷大将軍に任ぜられると、江戸に幕府を開いて武家政治の拠点とした。

家康は太田道灌が築いた小規模な江戸城を拡張するとともに、入江や湿地帯の埋立て、湊の整備など、幕府の本拠地にふさわしい城下町の建設を着々と進めていった。

運河の開削によって出た残土や、台地を切り崩した土で入江を埋め立て、宅地を造成して、そこに大名や家臣たちを住まわせた。こうして、埋立地は町人たちの居住地にもなっていったのである。

2 「大江戸八百八町」は東京23区の10分の1

江戸は当初、外濠の内側の範囲、現在の千代田区ほどの広さしかなかった。江戸の発展にともなって市街地は次第に拡大し、18世紀の初めには「大江戸八百八町」といわれる人口100万人を超える世界有数の大都市に成長していた。それでも、現在の東京23区ほどは広くはなかった。町奉行が支配する、江戸城を中心とした約2里（8km）四方の地域を**「江戸御府内《ごふない》」**と呼び、そこが江戸の市域とされていた。

では、具体的には、現在のどの辺りが御府内だったのだろうか。

実は、江戸の境界は非常に曖昧だったため、はっきりとはわかっていない。というのも、江戸時代は徹底した身分社会で、身分によって居住地が区別されていたからだ。さらに、町地は町奉行、寺社地は寺社奉行、武家地は大目付・目付がそれぞれ支配するといったように、土地によって管轄区域が異なっていた。そして、幕府の行政系統によって、「江戸」の範囲や境界についての解釈がそれぞれ微妙に違っていたのである。

そのため、たとえば犯罪捜査や罪人を江戸から追放する場合など、さまざまな問題で支障が生じるようになった。それらを解消するためにも、江戸の範囲を統一する必要性が出てきたのだ。そこで1818(文政元)年、幕府は**「江戸朱引《しゅびき》図」**を作成した。

「朱引」とは、江戸の範囲を明確にするため、その境界を地図上に引いた「朱色の線」のことである。それによると、北は荒川・石神井川の下流、東は中川、南は目黒川(南品川町を含む)、西は神田上水あたりまでが江戸と定められた。現在の行政区分で言うと、千代田、中央、港、文京、台東区の全域と、江東、墨田、荒川、北、板橋、豊島、新宿、渋谷、品川区の一部が朱引の範囲にあたる。これらは、現在の東京23区の10%程度の面積に過ぎなかった。そして、朱引の内側は、寺社建立などのための寄付行為が認められた地域「寺社勧化《かんげ》場」として、寺社奉行に認められた。

また、朱引と同時に、**「墨引《すみびき》」**という黒い線も引かれた。この墨引は町奉行の支配地域を示している。つまり、外側の線が「朱引」、内側の線が「墨引」である。

ここで面白いことがひとつある。

江戸の範囲

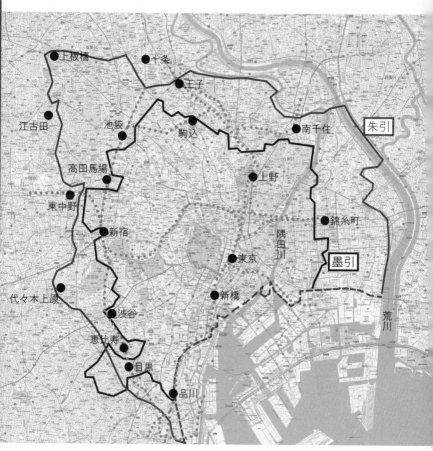

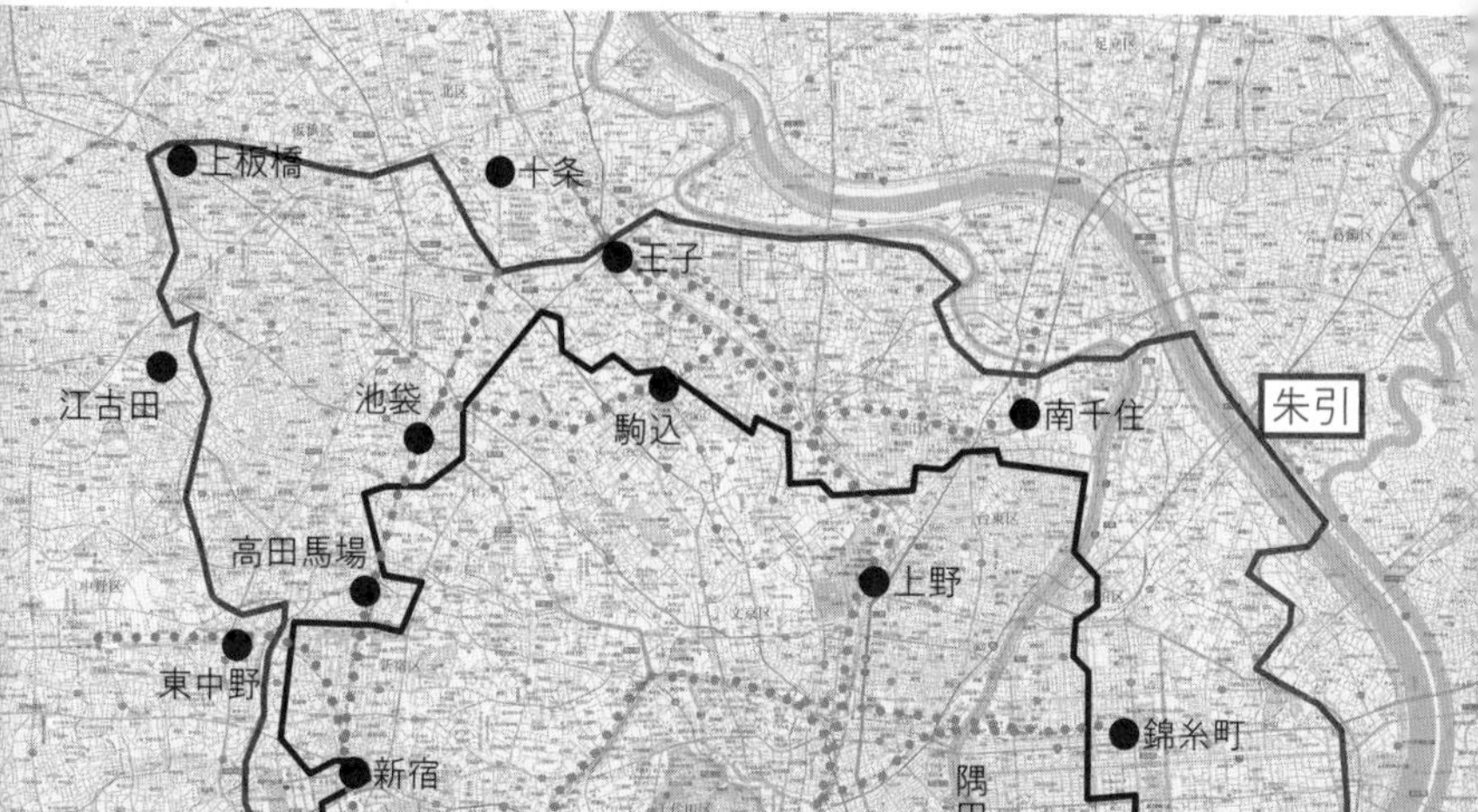

朱引＝御府内の範囲　　墨引＝町奉行支配地域

墨引、すなわち町奉行の管轄区域は、御府内の境界よりかなり内側に引かれていた。ところが、唯一、目黒付近だけは墨引が朱引を越えて外側にはみ出している。

墨引が朱引をはみ出している場所を見てみると、江戸五色不動のひとつとして知られる「目黒不動（瀧泉寺）」が鎮座していたところに当たる。

目黒不動は庶民からの信仰が厚かったばかりではなく、行楽地としても人気があり、多くの参拝客で賑わっていた。そのため、目黒不動の門前町では庶民同士の喧嘩が絶えず、それを取り締まる必要性があったことから、町奉行の管轄下に置かれたものと見られている。

3 東京23区はいつ出来上がったのか？

家康が江戸に幕府を開いて以来、260年余り続いた徳川幕府も、江戸末期には欧米列強の圧力に屈して開国せざるを得ない状況に陥りつつあった。開国が引き金になって、幕府は次第に弱体化していったのである。それに乗じて討幕運動が活発になり、やがて衰退の道をたどることになった。

1867（慶応3）年11月、15代将軍徳川慶喜が政権を朝廷に返上したことにより幕府は崩壊、明治新政府が樹立された。そして翌年5月、江戸城が明治新政府に明け渡され、同年7月には**「江戸府」**が開設された。

それもつかの間、2カ月後の9月には、明治天皇による「江戸ヲ称シテ東京ト為スノ詔書」が発せられ、「江戸府」は**「東京府」**に改称された。江戸府が2カ月間だけ存在していたということはあまり知られていないが、このとき徳川幕府の本拠地であった江戸が「東京」という名称になったのである。当初の東京府の管轄区域は、町奉行が支配していた範囲に限られていた。すなわち、先に紹介した「墨引」の内側が、発足当初の東京府の大きさだったのである。

東京府が発足した翌年の１８６９（明治2）年、明治新政府は武蔵国にある旧幕府領を管轄するため、東京府の外側に小菅県、大宮県（のちに浦和県）、品川県の３県を設置した。そして、東京府の範囲を定めた朱引の境界線を新たに引き直して、「50区制」を採用した。朱引内が50の区画に区分されたのである。

また、１８７１（明治4）年4月には「戸籍法」が公布され、これまでの身分制度が廃止されたことによって、町人地、武家地、寺社地の区別がなくなった。

同年7月には、「廃藩置県」が断行された。日本が近代国家としての基礎を構築するための一大政治改革である。これにより、すべての藩が消滅し、全国が「3府３０２県」に区分された。廃藩置県直後の同年11月に行われた府県の統廃合では、3府３０２県から「3府72県」に整理された。東京府に隣接する小菅、浦和、品川の3県も廃止され、小菅県は埼玉県と東京府に、浦和県は埼玉県に、品川県は入間県と東京府に分

江戸から東京になる　大区小区制（11大区103小区）

割された。また、府県の統廃合とほぼ時を同じくして、5～6町村で「小区」を形成し、その小区をいくつか合わせて「大区」とする**「大区小区制」**という地方制度が導入された。

これにより、東京府は6大区と97小区に区分され、第1大区は17の小区、第2大区～第6大区までは各16の小区に分けられた。大区には区長、小区には戸長を置いて地方行政を担うことになった。

東京府はその後、6大区の外側を取り囲んでいた町村を次々と編入して領域を拡大し、1876（明治9）年までに、**11大区103小区**になった。

これが、現在の東京23区の原型なのである。

4 100以上あった区が15区に大集約

国が中央集権体制を確立するためには、行政組織の末端にまで政府の目が行き届くような統治システムを構築する必要があった。「大区小区制」は、それを実現できる画期的な地方制度だと、政府は自信を持って施行したに違いない。しかし、これまで長い間慣れ親しんできた町や村の名前が、大区小区制によって「東京府第1大区3小区」とか、「東京府第3大区5小区」などというように、無味乾燥な数字に置き換えられてしまったのだ。これには住民が猛反発した。

広い地域を機械的に線引きして数字で管理するという、住民感情や地域社会の営みを無視した手法に、住民が納得できるはずはなかった。この地方制度は到底受け入れられるものではないと、各地で住民の不満が噴出し、末端の地方組織がぐらつきかねない状況にまで追い込まれた。これには、さすがの政府も無視することができなくなり、大区小区制は見直しを余儀なくされた。この地方制度は、政府にとって大きな誤算だったといえる。政府が自信をもって施行したはずの大区小区制は、１８７８（明治11）年7月、施行からわずか7年で廃止されることになったのである。

大区小区制に変わって制定されたのが、「郡区町村編制法」という地方制度であった。旧来の郡制が復活し、「第1大区3小区」とか、「第6大区5小区」などという数字による区分を改め、その地域に古くから伝わる固有の地名をつけることが認められたのである。東京府を11大区１０３小区に区分するというそれまでの「大区小区制」は廃止され、**15区6郡**に再編された。

第1大区から第6大区までの中心部を占める地域は、15の区に分けられた。麹町区、神田区、日本橋区、京橋区、深川区、本所区、浅草区、下谷区、本郷区、小石川区、牛込区、四谷区、赤坂区、麻布区、芝区の、現在の都心部を占める15区である。第7大区から第11大区までの周辺部は、荏原郡、東多摩郡、南豊島郡、北豊島郡、南足立郡、南葛飾郡の6郡に区分された。区名や郡名はいずれも江戸時代から伝わる伝統地名で、それが復活し継承されることになったのとは大いに歓迎すべきことであろう。

複数の区を設置することが認められたのは、東京府、京都府、大阪府の三府だけで

郡区町村編制法によって成立した15区6郡

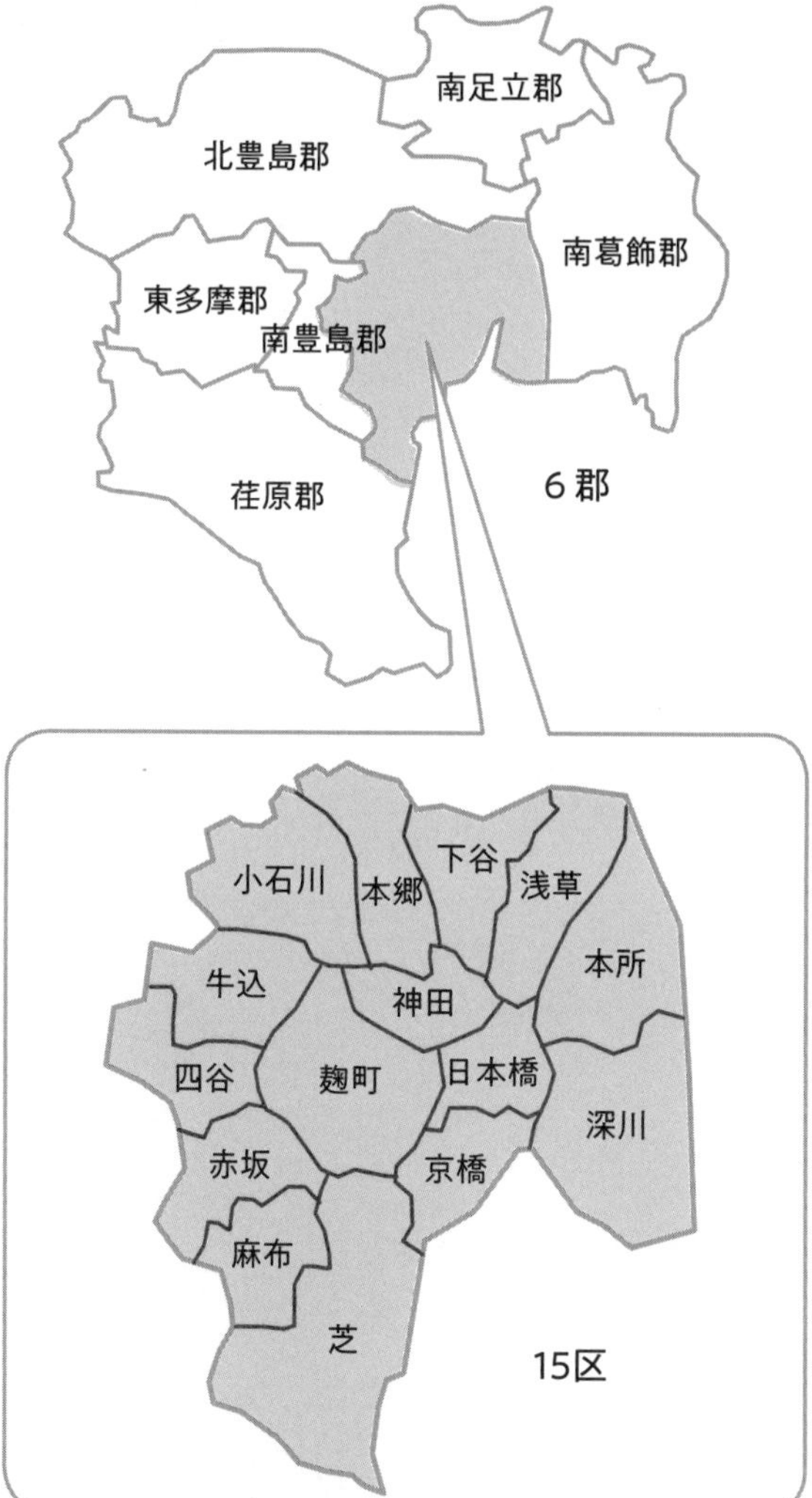

ある。東京府には15の区が設置されたが、京都府は上京区と下京区の2区に、大阪府は北区、南区、東区、西区の4つの区に分けられた。郡と区では官選による郡長と区長を選任し、郡の下に置かれた町村は、民選によって選ばれた戸長を置いて地方自治が営まれていくことになったのである。

5　東京が市に「格上げ」されたのは、全国で32番目

明治政府が目指す盤石な中央集権体制を実現させるためには、末端の行政組織の地方制度を確立する必要があった。そのため、1888（明治21）年4月、それまでの郡区町村編制法を廃止し、新たに市制・町村制が公布された。市町村に独立の法人格を認めようというもので、本格的な地方自治制度が創設されることになったのである。

市制は人口が2万5千人以上を有する市街地に適用されることになり、全国で36カ所が市制施行の最初の候補地に上がった。そして、翌89年4月1日に「市制・町村制」が施行され、その第一陣として31市が発足した。

ところが、東京はその中に含まれていなかったのである。関東地方で市制が施行されたのは、茨城県の水戸市と神奈川県の横浜市の2市だけだった。

東京は1カ月遅れの5月1日に市制が施行された。関東地方では水戸市、横浜市に

次いで3番目。全国では32番目の市として誕生した。首都東京が、日本で最初に市制を施行しなかったのは意外に思えるかもしれない。

これにより、東京の中心部を形成していた麹町、神田、日本橋、京橋、深川、本所、浅草、下谷、本郷、小石川、牛込、四谷、赤坂、麻布、芝の15区は、東京府の下部組織という位置づけから**「東京市」**の中に組み込まれることになった。東京市の行政区になったのである。「東京府麹町区」は「東京府『東京市』麹町区」、「東京府神田区」は「東京府『東京市』神田区」と言われるようになった。こうして東京府は、東京市15区と6郡（荏原郡、東多摩郡、南豊島郡、北豊島郡、南足立郡、南葛飾郡）から構成されることになったのである。

とはいっても、東京府15区の範囲がすべて東京市15区になったわけではなかった。東京市が発足するにあたって、「東京市域案」をもとに東京市と郡部との境界線の微調整が行われた。東京の区部と郡部との境界線が、余りにも複雑に屈曲していたからである。区部と郡部との境界を、河川や鉄道などのわかりやすい目印を境界にするなどして、東京市の範囲を明確にすることが主な目的であった。

区部の外側の地域はほとんどが農村地帯だったので、周辺の住民との間で特に大きな紛争に発展することもなく、境界の確定作業は進められていった。とはいうものの、区部から郡部へ編入される恐れがある地域の住民は、府知事に陳情書を提出するなどして境界の変更に反対した。

全般的に郡部から区部へ編入される地域が多かったため、東京市15区の範囲は、郡区町村編制法で成立した15区より若干広くなった。

ちなみに、東京市が市制・町村制の施行に間に合わず、1カ月遅れで市制を施行することになったのは、東京市と郡部との境界線の微調整作業に手間取ったためである。

※1889（明治22）年4月1日の市制施行で発足した31市
弘前、盛岡、仙台、秋田、山形、米沢、水戸、横浜、新潟、富山、高岡、金沢、福井、静岡、津、京都、大阪、堺、神戸、姫路、和歌山、松江、広島、赤間関（下関）、高知、福岡、久留米、佐賀、長崎、熊本、鹿児島

6 東京府の6郡に成立した85町村

こうして出来上がった東京府の1市6郡が、ほぼ現在の東京23区の範囲である。

東京市15区は、周囲を荏原《えばら》、東多摩、南豊島、北豊島、南足立、南葛飾の6郡に取り囲まれる形になった。当時の郡部は、ほとんどが農村地帯だったが、なかには市街地が形成されていた地区もある。郡区町村編制法で発足した当時の6郡には、380余りの村があったが、市制・町村制の施行により、85の「町」と「村」に統合された。その内訳を見てみると、「町」は品川町、内藤新宿町、淀橋町、南千住町、巣鴨町、岩渕町、板橋町、千住町、新宿《にいじゅく》町の9町だけで、残りのおよそ90%は「村」だった。高層ビルが密集する現在の風景からは想像もできないことだが、渋谷も当時は村だったのだ。

1893（明治26）年4月には、北多摩郡、南多摩郡、西多摩郡の三多摩が、神奈

町村制で成立した東京府85町村

荏原郡	1町 18村	品川町、大崎村、目黒村、世田谷村、松沢村、平塚村、碑衾村、玉川村、駒沢村、馬込村、調布村、矢口村、池上村、入新井村、大井村、大森村、蒲田村、六郷村、羽田村
東多摩郡	6村	中野村、野方村、和田堀内村、杉並村、井荻村、高井戸村
南豊島郡	2町 6村	内藤新宿町、淀橋町、大久保村、戸塚村、落合村、代々幡村、千駄ヶ谷村、渋谷村
北豊島郡	4町 15村	南千住町、巣鴨町、岩淵町、板橋町、三河島村、尾久村、日暮里村、滝野川村、王子村、志村、巣鴨村、高田村、長崎村、上板橋村、赤塚村、上練馬村、下練馬村、中新井村、石神井村
南足立郡	1町 8村	千住町、西新井村、江北村、舎人村、淵江村、梅島村、綾瀬村、東淵江村、花畑村
南葛飾郡	1町 23村	新宿町、小松川村、松江村、一之江村、船堀村、葛西村、瑞穂村、鹿本村、篠崎村、小岩村、金町村、水元村、奥戸村、平井村、吾嬬村、大木村、立石村、亀青村、南綾瀬村、隅田村、寺島村、亀戸村、大島村、砂村

川県から東京府へ移管されることになった。三多摩が東京府に移管された理由については さまざまな説があり、はっきりしたことはわかっていない。この3郡が加わったことで東京府は1市9郡になり、面積も一気に4倍の広さになった。これで東京府には東・西・南・北の4つの多摩郡が揃ったことになる。

しかし、3年後の1896（明治29）年4月、東多摩郡と南豊島郡が統合されて豊多摩郡になり、東多摩郡は消滅して北多摩、南多摩、西多摩の三多摩になった。

東京が発展するにともない、周辺部の都市化も急速に進み、それまでの村が相次いで町に昇格していった。

たとえば、豊多摩郡の中野村（現在の中野区南部）は、1897（明治30）年に町に昇格して中野町に、1907（明治40）年には千駄ヶ谷村が千駄ヶ谷町、1909年には渋谷村は渋谷町になった。

1913（大正2）年には、北豊島郡の日暮里村が日暮里町に、1922（大正11）年には荏原郡の目黒村が目黒町に、そして蒲田村が蒲田町というように、村が続々と町への昇格に名乗りを上げたのである。町村の統廃合も行われ、最終的には85町村から82町村になった。

7

東京市が15区から35区に

市制・町村制が施行されてから43年後の1932（昭和7）年10月、東京市の行政区域に大きな変化が起きた。東京市は周辺の5郡（荏原郡、豊多摩郡、北豊島郡、南足立郡、南葛飾郡）82町村を編入し、そこに20区を設置したのである。当初はもっと小規模な合併にとどめる案も浮上していたようだが、最終的には旧東京府の範囲をそっくり東京市に取り込むという大合併案が採用された。

東京市周辺の郡部は、東京の発展にともなって都市化が進み、人口も増加しつつあったが、都心部を占める15区に比べればまだ人口密度は低かった。同じ面積比率で区割りをするとしたら、5郡に90近くの区を設置しなければならないことになる。だが、各区の人口のバランスを取る必要があることから、新設する区は20区にとどまった。それでも、東京市はそれまでの15区と合わせて**35区**という大所帯となり、面積も一気に

6・8倍に拡大した。これによって、東京市の人口は500万人を突破し、世界でも有数のマンモス都市が誕生したのである。

町村制が施行された当時は、郡部にあった町村のおよそ90％が村だったが、東京市に合併して20区が新設される時点で、その70％以上が町に昇格していた。それだけ都市化のスピードが速かったわけだが、それでもまだ23の村があった。渋谷区や淀橋区（現在の新宿区の西部）、豊島区など、中心部に近い区はすべて町になっていたが、埼玉県や千葉県に隣接する板橋区、足立区、江戸川区などは、ほとんどの自治体がまだ村だった。

新設された20区を見てみると、荏原郡の荏原町と北豊島郡の滝野川町は、単独で区を発足させているが、板橋区は9町村が、足立区は10町村が合併してようやくひとつの区を形成していた。それでも板橋区の人口は11・4万人、足立区は12・8万人で、荏原区の人口（13・2万人）より少なかった（1930年時点）。それだけ、各地域によって人口密度にバラつきがあったと言える。

東京市35区

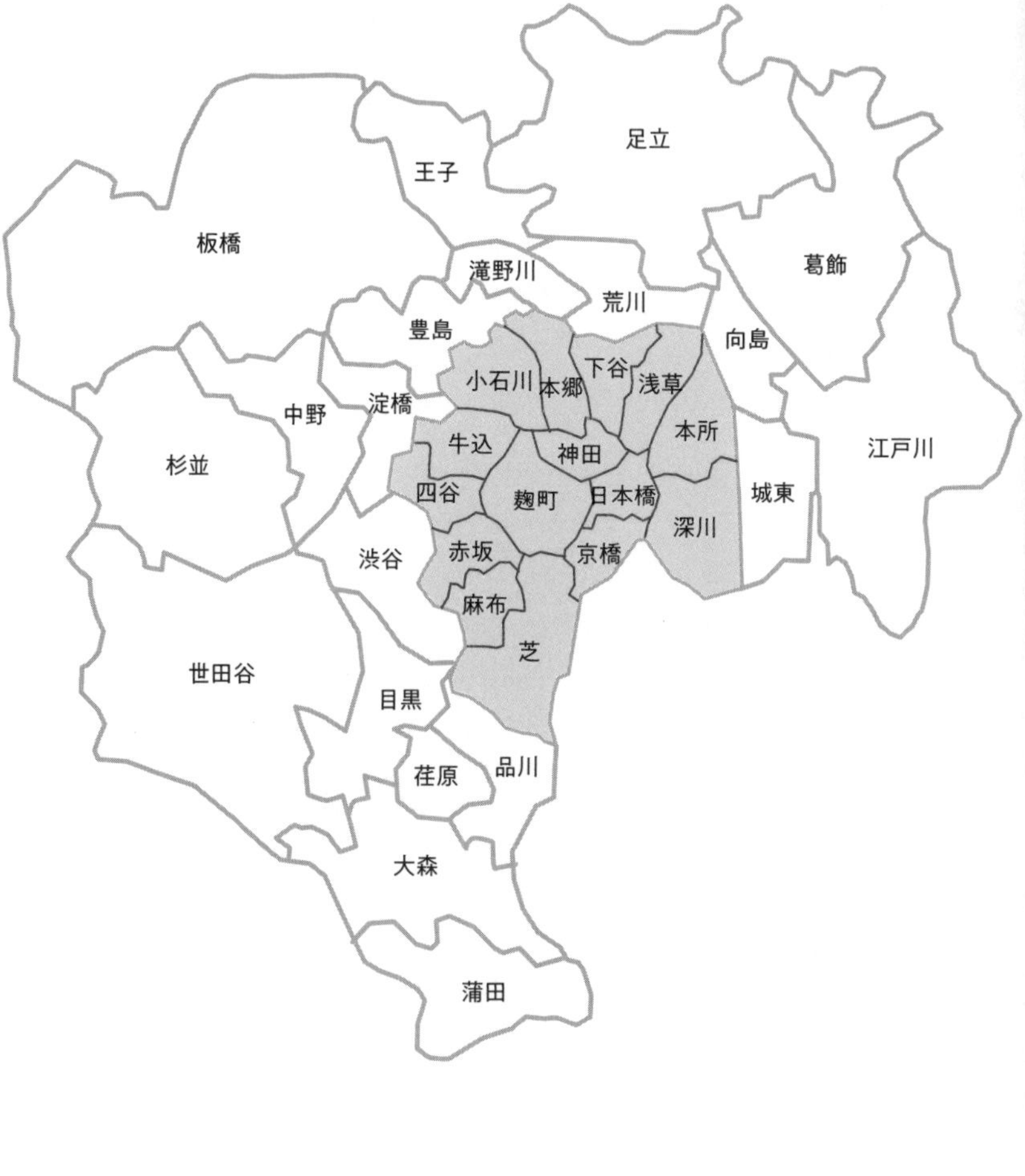
足立
王子
板橋
滝野川
荒川
葛飾
豊島
向島
小石川
本郷
下谷
浅草
中野
淀橋
本所
江戸川
牛込
神田
杉並
四谷
麹町
日本橋
城東
深川
渋谷
赤坂
京橋
麻布
芝
世田谷
目黒
荏原
品川
大森
蒲田

では、なぜ東京市は都市機能が充分に整っていない郡部の町村を大量に編入したのだろうか。

最大の目的は、税収をアップさせることにあった。旧15区はすでに人口が過密気味で住環境の悪化が深刻になりつつあり、それを改善させることが急務だった。そこで、市域を広げて人口の分散化を図るとともに、税収を増やして都市の整備に力を注ぐことが求められたのである。

5郡に新設された20区82町村

郡名	区名	町村名
荏原郡	品川区	品川町、大崎町、大井町
	荏原区	荏原町
	大森区	大森町、入新井町、池上町、馬込町、東調布町
	蒲田区	蒲田町、羽田町、六郷町、矢口町
	目黒区	目黒町、碑衾町
	世田谷区	世田ヶ谷町、駒沢町、玉川村、松沢村
豊多摩郡	淀橋区	淀橋町、大久保町、戸塚町、落合町
	渋谷区	渋谷町、千駄ヶ谷町、代々幡町
	中野区	中野町、野方町
	杉並区	杉並町、和田堀町、高井戸町、井荻町
北豊島郡	豊島区	巣鴨町、西巣鴨町、高田町、長崎町
	板橋区	板橋町、上板橋村、志村、赤塚村、練馬町、上練馬村、中新井村、石神井村、大泉村
	王子区	王子町、岩渕町
	滝野川区	滝野川町
	荒川区	南千住町、日暮里町、三河島町、尾久町
南足立郡	足立区	千住町、西新井町、江北村、舎人村、伊興村、渕江村、梅島村、綾瀬村、花畑村、東渕江村
南葛飾郡	城東区	亀戸町、大島町、砂町
	向島区	吾嬬町、寺島町、隅田町
	葛飾区	南綾瀬町、本田町、奥戸町、亀青村、新宿町、金町、水元村
	江戸川区	小松川町、松江町、鹿本村、小岩町、篠崎村、瑞江村、葛西村

8

東京府と東京市が廃止され、いよいよ東京都に

太平洋戦争真っ最中の１９４３（昭和18）年７月、東条英機内閣の閣議決定により、都制が施行されることになった。東京「府」と東京「市」が廃止され、代わりに**東京「都」**が設置されたのである。正確には、東京市が東京府に併合され、東京市を併合した東京府が東京都になったと言った方がいいかもしれない。戦争が激しさを増すこの時期に、なぜ東京の行政組織を改革しなければならなかったのか。これは戦時下だったからこその事情がある。

東京が都制を施行する目的は、３つあった。ひとつは、帝都たる東京に真の国家的性格に適応する体質を整備確立すること。ふたつ目は、帝都に於《お》ける従来の府市併存の弊を解消し、帝都一般行政の、一元的にして強力な遂行を期すること。３つ目は帝都行政の根本的刷新と、高度の効率化を図ることである。

戦時下に置かれていた日本が、軍事路線を推進していくうえで、東京府と東京市による二重行政は障害になっていたのだ。東京市は日本の首都であるだけに、行政や経済の中枢管理機能が集まり、多くの予算と強い発言力を持っていた。そのため、政府と激しく対立することも少なくなかった。軍事路線を進める国にとって、東京市はいわば「目の上のたんこぶ」。厄介な存在になっていたのである。東京市の自治権を奪ってしまえば、政府は思い通りの政策が実行できるという目論見である。東京府と東京市による二重行政を一元化させ、国（内務省）の管理下に置いて軍事体制を一層強化しようというのが、都制を施行する最大の目的だったと言えよう。

内務省の主導で行われた「東京都制」という制度改革により、東京都の首長には官選によって選ばれた東京都長官が就き、東京市35区は東京都の直轄になった。それまで区長は東京市の互選で選出されていたが、東京都制が施行されてからは、東京都長官が直接選任するというシステムに変わった。

まさか、2年後に日本が戦争に敗れ、GHQ（連合国最高司令官総司令部）の命令により行政区分の再編を迫られようとは、当時の政府は考えもしなかっただろう。

9

統廃合で残った唯一の地名は？

日本は太平洋戦争に敗北し、首都東京は一面が焼け野原になった。特に1945（昭和20）年3月の東京大空襲では、東京の街は壊滅的な被害を受け、多くの犠牲者を出すことになった。

戦災で家屋を失い、郊外へ疎開する人が相次いだため、都心部はもぬけの殻同然になった。東京35区全体では、人口が約60％も減少してしまったのである。浅草区や本所区、深川区、城東区のように、人口が10分の1以下になった区もある。

戦争の痛手から日本を立ち直らせるには、まず首都東京を早急に復興させなければならなかった。ＧＨＱは、東京都の行政区分の再編を命じた。

35区には、戦災で大きな被害を受けた区とさほど被害を受けなかった区があり、人

35区の敗戦直後の人口と減少率

区名	人口（万人）	減少率（%）
麹町	1.8	69.3
神田	2.6	79.4
日本橋	2.3	77.5
京橋	5.3	62.5
赤坂	0.9	84.2
麻布	2.1	76.8
芝	6.7	64.9
牛込	2.1	83.9
四谷	1.1	85.3
淀橋	5.1	73.0
本郷	4.9	66.3
小石川	4.3	71.9
浅草	2.5	90.9
下谷	6.0	68.3
本所	1.3	95.3
向島	6.5	68.6
深川	1.4	93.8
城東	1.1	94.2
品川	9.0	61.2
荏原	5.4	71.4

区名	人口（万人）	減少率（%）
大森	16.1	42.3
蒲田	5.2	79.4
王子	10.2	53.8
滝野川	3.6	72.1
目黒	12.1	39.0
世田谷	27.6	1.9
渋谷	8.4	67.3
中野	12.4	42.1
杉並	21.1	13.9
豊島	9.2	70.5
荒川	8.4	76.1
板橋	21.8	6.6
足立	17.2	25.4
葛飾	17.2	+12.1
江戸川	14.6	17.4
35区合計	277.7	59.0

※人口は1945年、減少率は1940年の人口に対する比率

口や財政力などに著しい差が生じた。特に、東京の中心部を占める旧15区の被害が大きかった。旧15区の人口はすべて10万人を割り、赤坂区のように人口が1万人未満にまで減少した区もある。これでは、単独の区として行政を運営していくことは困難である。

人口の減少が著しい旧15区と、旧15区に隣接する9区（淀橋、向島、城東、品川、荏原、大森、蒲田、王子、滝野川）が統廃合の対象になった。各区の被災状況や人口、面積、地域的なつながり、今後の見通しなど、あらゆることを考慮して再編作業が行われることになった。

そして1947（昭和22）年3月、東京の35区は**22区**に統合されたのである。

旧15区は、隣接する区との合併を余儀なくされた。千代田、中央、港、文京、台東の5区は旧15区同士が合併して発足した区である。また、新宿、墨田、江東の3区は旧15区と新設20区が合併して成立している。品川、大田、北の3区は新設された20区同士が合併した。

24の区が合併して、新たに発足した11区の区の名称を決めるにあたっては、すでに

35区から22区へ再編される

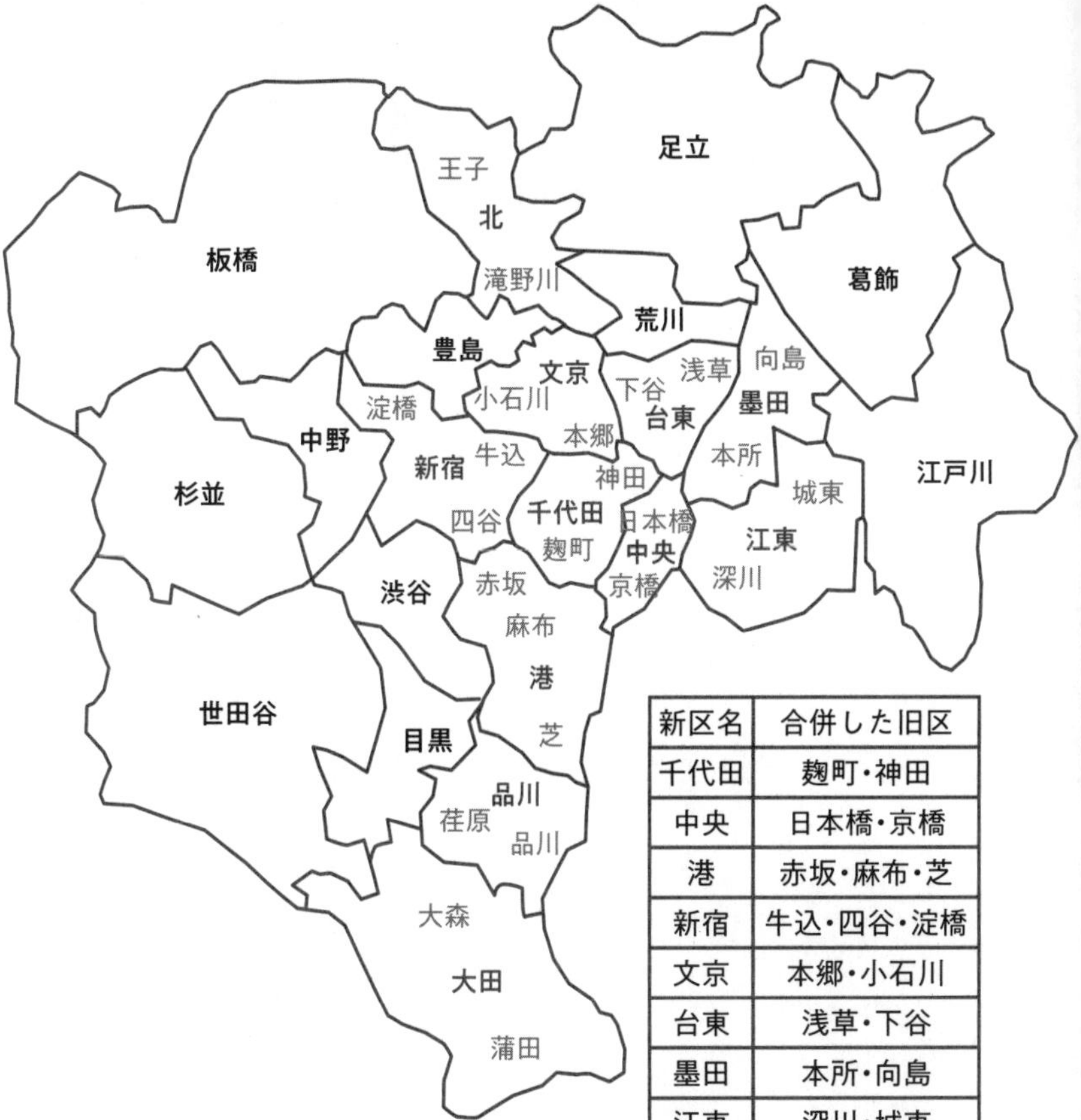

新区名	合併した旧区
千代田	麹町・神田
中央	日本橋・京橋
港	赤坂・麻布・芝
新宿	牛込・四谷・淀橋
文京	本郷・小石川
台東	浅草・下谷
墨田	本所・向島
江東	深川・城東
品川	品川・荏原
大田	大森・蒲田
北	王子・滝野川

決まっていた千代田区を除いて、東京新聞が一般公募を実施した。公募には賞金が懸けられたこともあって、大いに盛り上がった。だが、得票数1位の区名が新区名として採用されたわけではなかった。また、消滅する区の住民感情に配慮して、基本的には旧区名は採用されなかった。

その結果、既存の区名が新区名として残ったのは品川区だけ。あとの23区の区名はすべて消滅することになったのである。

10

東京都は本当は22区だった!?

1947（昭和22）年3月、東京35区は統合されて22区になったが、それから5カ月後の同年8月に、板橋区から練馬区が分区されて**23区**になっている。これが現在の東京23特別区だが、なぜ35区からいきなり23区にしなかったのだろうか。

実は22区が成立してから23区になるまでの間に大きな動きがあった。「地方自治法」が施行されたのである。地方自治法は、日本国憲法が制定された1947年5月3日、日本国憲法と同時に施行された地方自治に関する基本法である。中央政府の官僚統制を廃し、地方公共団体の自治権を確立することが目的で、知事、市町村長の公選、地方議会の権限の強化、民主的、能率的な行政の運営などについて制定された。

この法律により、東京都制、道府県制、市制町村制は廃止され、都道府県および市町村は地方公共団体（地方自治体）に、東京22区は**特別区**になった。「特別区」とは市に準ずる基礎的な地方公共団体で、それぞれの区が市と同等の自治権を持つ。独立した自治体で、大阪市や名古屋市、横浜市などに設置されている、市の下部組織の行政区とは根本的に異なっている。

東京22区が特別区になってから3カ月後に、板橋区から分立して練馬区が誕生した。区が統合されていく状況下で、唯一それに逆行する形で分区したケースである。人口だけの問題ならば、板橋区より人口が多い世田谷区や大田区を優先してもよさそうなものだが、板橋区をふたつに割ったのには理由がある。面積が広大過ぎたのである。当時の板橋区の面積は80・3㎢。2番目に広い世田谷区（58・1㎢）の約1・4倍もあったのである。しかも、板橋区は戦争の被害をほとんど受けておらず、今後も人口が急増していくことが容易に予想された。練馬区を板橋区から分区させたのは、将来を見越しての措置だったと考えられる。そして、それは正解だったと言えるだろう。もし練馬区を切り離していなかったら、現在では両区を合わせた人口は軽く120万人を突破し、仙台市や広島市などの政令指定都市をも上回る、巨大な特別区になっていたからである。

東京区部の人口は、戦前の1940（昭和15）年は677・9万人だったが、太平洋戦争の被害により激減し、終戦直後の1945（昭和20）年には277・7万人にまで落ち込んだ。だが、戦後の復興で人口は急激に回復し、終戦から2年後の1947（昭和22）年には417・8万人に。わずか2年で140万人も増加したのである。

その後も順調に人口は増加し、1955（昭和30）年には戦前の人口を越え（696・9万人）、1965（昭和40）年には889・3万人を記録。それをピークに、以降は土地の高騰と住環境の悪化などが原因で人口の流出が進み、1995（平成7）年には800万人を割り込んだ。

2000年代になると、都心回帰の志向が強まってふたたび人口が増加しはじめ、2015（平成27）年の国勢調査では、900万人の大台を突破した（927・3万人）。このように、1947年から2015年までの68年間に、東京23区の人口は実に2倍以上に膨れ上がったのである。

なかでも、人口が2倍以上に増加した区は、新宿、江東、大田、世田谷、板橋、練馬、足立、葛飾、江戸川の9区。板橋区から分区し、23番目の区として誕生した練馬区の人口増加率は、実に544・6％と23区でもっとも高い。人口も本家の板橋区を追い抜き、世田谷区に次いで2番目に多い区となっている。一方、23区で唯一、千代田区だけは人口が減少している。

東京23区の人口増加率（国勢調査人口）

区名	1947（昭和22）の人口（万人）	2015（平成27）の人口（万人）	増加率（%）
千代田	9.0	5.8	-35.6
中央	13.9	14.1	1.4
港	16.5	24.3	47.3
新宿	15.4	33.3	116.2
文京	14.5	22.0	51.7
台東	19.6	19.9	1.5
墨田	17.4	25.6	47.1
江東	9.7	49.8	413.4
品川	22.0	38.7	75.9
目黒	17.0	27.8	63.5
大田	31.4	71.8	128.7
世田谷	35.6	90.0	152.8
渋谷	13.2	22.5	70.5
中野	16.8	32.9	95.8
杉並	28.4	56.5	98.9
豊島	15.0	29.1	94.0
北	20.3	34.1	68.0
荒川	14.5	21.2	46.2
板橋	17.7	56.2	217.5
練馬	11.2	72.2	544.6
足立	23.3	67.1	329.3
葛飾	18.2	44.3	143.4
江戸川	17.3	68.0	293.1
合計	417.8	927.3	121.9

11
三多摩の驚異的な人口増加率

東西に細長い東京都の西半分、いや西側の3分の2ほどを占める地域は「**三多摩**」と呼ばれている。東京都から23区を除いた西部地域のすべてが三多摩で、北多摩郡、南多摩郡、西多摩郡の3つの郡の通称である。東西南北のうち、東多摩郡だけがなぜか仲間外れである。それはなぜかと言えば、東多摩郡はもともと「東京府」の管轄であったのに対し、北多摩、南多摩、西多摩の3郡は神奈川県の管轄だったからである（第一章4項参照）。

三多摩も、古くは「多摩郡」というひとつの大きな郡だった。多摩郡の東部は武蔵県、品川県を経て1871（明治4）年、東京府に編入された。一方、多摩郡の中西部は韮山県、小田原県を経て神奈川県に編入された。それが1878（明治11）年に施行された「郡区町村編制法」により、東京府が管轄していた地域が東多摩郡になり、神奈川県が管轄していた地域が北多摩、南多摩、西多摩の3郡に分割されたのである。北多摩、南多摩、西多摩の3郡は1893（明治26）年、神奈川県から東京府に移管されたが、神奈川県の管轄下にあった15年間に「三多摩」という呼称が定着したものと見られる。三多摩が東京府に移管されてから3年後の1896（明治29）年、東多摩郡は南豊島郡と合併して豊多摩郡と名を改めたため、東多摩郡という郡名自体、あまり人々の記憶には残らなかったのだろう。

東多摩郡には32の村があったが、1889（明治22）年5月に町村制が施行され、中野、野方、杉並、井荻、高井戸、和田堀内の6村に統合された。1897（明治30）年、中野村が最初に町制を施行し、1924（大正13）年には野方村と杉並村が町に昇格した。1926（大正15）年には和田堀内村が町制施行して和田堀町となり、井荻村と高井戸村も町に昇格。旧・東多摩郡にあった6村はすべて町になった。

1932（昭和7）年、東京市周辺の5郡（荏原、豊多摩、北豊島、南足立、南葛飾）が東京市に編入され、そこに20区が設置されたが、旧・東多摩郡の区域に中野区と杉並区が発足した。中野区は中野町と野方町を管轄し、杉並区は杉並、井荻、高井戸、和田堀の4町を管轄することになった。

ところで、三多摩は神奈川県から東京府に移管されて以降、急速に都市化が進んだ地域である。第1回の国勢調査が行われた当時の人口は、東京区部が335・8万人であったのに対し、三多摩の人口は34・1万人と、区部の10分の1程度に過ぎなかった。三多摩が東京府に移管されてから3年後の、1935（昭和10）年に実施された第3回の国勢調査でも、東京区部は589・6万人と253・8万人増加しているのに対し、三多摩は47・4万人とわずか13・3万人の増加にとどまっていた。

しかし、それからというもの、三多摩の人口増加率は目覚ましく、区部とは比較にならないスピードで住民が増えていったのである。2015（平成27）年の東京区部の人口は927・3万人（伊豆諸島、小笠原諸島を含む）、一方、三多摩は424・1万人である。1935年からの80年間に、区部の人口が337・7万人増加したのに対し、三多摩地区は区部より多い376・7万人も増加した。増加率は東京区部が57・3％であったのに対し、三多摩は実に795％。驚異的な人口増加である。人口が希薄な農村地帯に、いきなり大都市が出現したようなものである。

東京区部と三多摩の人口推移（国勢調査人口）

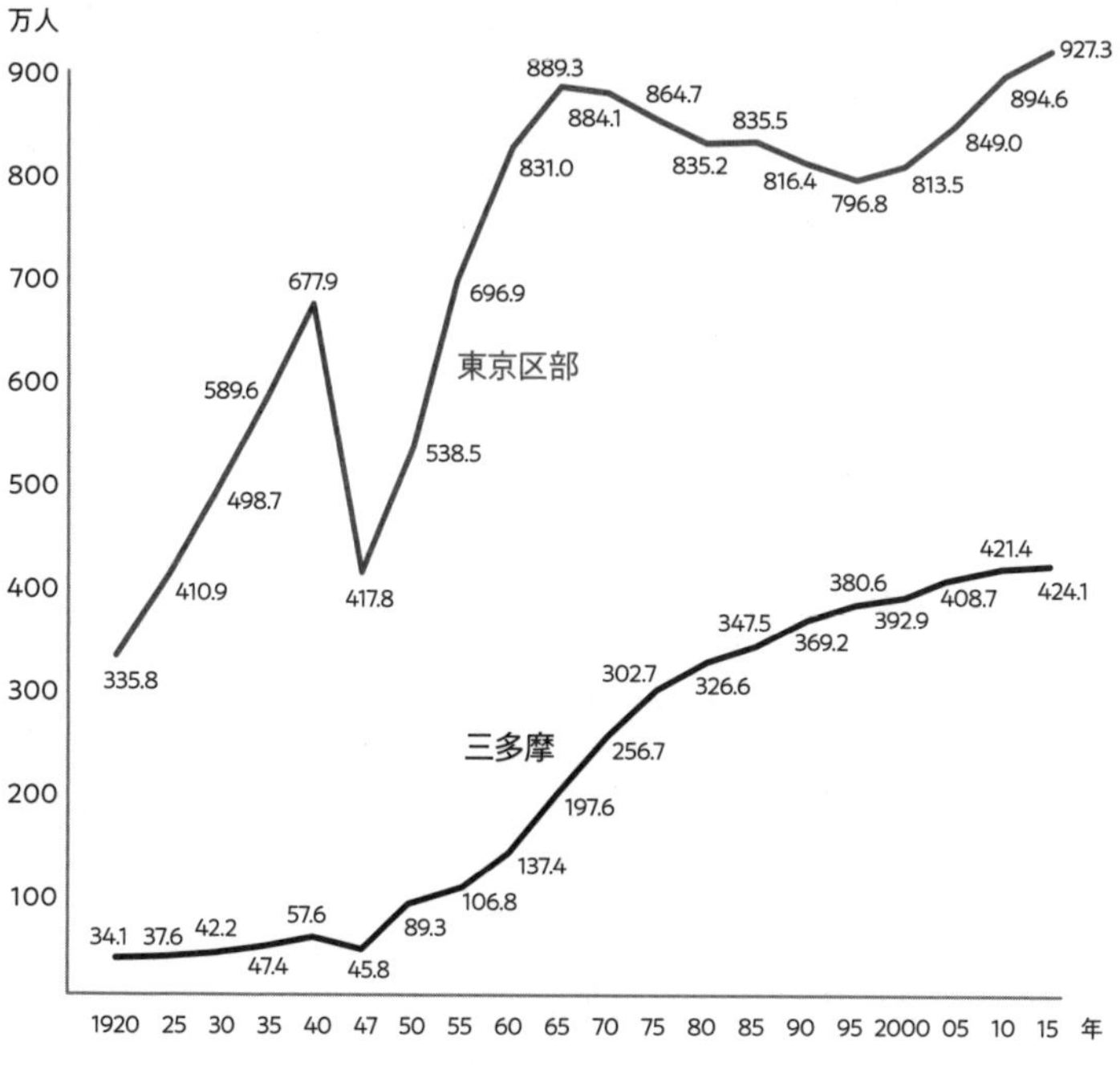

12

東京23区の起点はいつも麹町

東京23区の名前を正式に列記するときには、常に順番が決まっている。必ず千代田区を最初に記載するのである。以下、中央区→港区→新宿区と続き、江戸川区が最後になる。このルールは23区のさまざまな統計資料でも、また23区の区分地図でも守られている。

自治省（現・総務省）が事務処理の簡素化を図るために導入した市区町村のコード番号も、東京23区では千代田区の「13101」が最初で、中央区「13102」→港区「13103」→新宿区「13104」と続き、江戸川区が「13123」で最後になっている。

このような23区の配列順は、いつごろ決められたものだろうか。

その歴史は意外に古い。

23区配列順のルーツは、1871（明治4）年に導入された地方制度の「大区小区制」にある（第一章3項参照）。この地方制度により、東京府は6つの大区に区分された。江戸城が置かれていた中心部を第1大区とし、そこを起点にして、**「の」**の字を描くように時計回りで第2大区から第6大区までとなったのである。

その後、東京府は6大区の外側の地域を次々に編入し、1876（明治9）年までに11大区に再編された。中心部を占める6大区の周りを5つの大区に分け、そこを第7大区から第11大区まで、時計回りに配列した。この11大区が、現在の東京23区の範囲にほぼ一致している。23区の配列順の原型は、このときすでに出来上がっていたのである。

大区小区制に代わって、1878（明治11）年に「郡区町村編制法」が制定され、東京府は15区6郡に再編された。東京府の中心部を占める第1大区から第6大区に15区を設置し、皇居がある麹町区を起点に、時計回りで「の」の字を書くように区の順番が定められた。麹町区→神田区→日本橋区→京橋区→芝区→麻布区→赤坂区→四谷区→牛込区→小石川区→本郷区→下谷区→浅草区→本所区→深川区の順である。

その外側を取り囲んでいる郡部も同じように、荏原郡→南豊島郡→東多摩郡→北豊島郡→南足立郡→南葛飾郡というように時計回りで順番が定められた。

1889（明治22）年に施行された市制・町村制により、15区が東京市になり、1932（昭和7）年には周辺の5郡も東京市に編入されて、そこに20区が新設されて35区からなる大東京市が発足したが、区の順番を決めるにあたって、それまでの「の」の字順という原則に変わりはなかった。

15区で最後の深川区から品川区に続き、目黒区→荏原区→大森区→蒲田区→世田谷区（以上、荏原郡）→渋谷区→淀橋区→中野区→杉並区（以上、豊多摩郡）→豊島区→滝野川区→荒川区→王子区→板橋区（以上、北豊島郡）→足立区（南足立郡）→向島区→城東区→葛飾区→江戸川区（以上、南葛飾郡）というように、郡の配列にしたがって区の順番が決められたのである。現在の23区も、35区当時の順番を踏襲している。

千代田区（麹町区・神田区）→中央区（日本橋区・京橋区）→港区（芝区・麻布区・赤坂区）→新宿区（四谷区・牛込区・淀橋区）→文京区（小石川区・本郷区）→台東区（下谷区・浅草区）→墨田区（本所区・向島区）→江東区（深川区・城東区）→品川区（品川区・荏原区）→目黒区→大田区（大森区・蒲田

東京23区の配列順

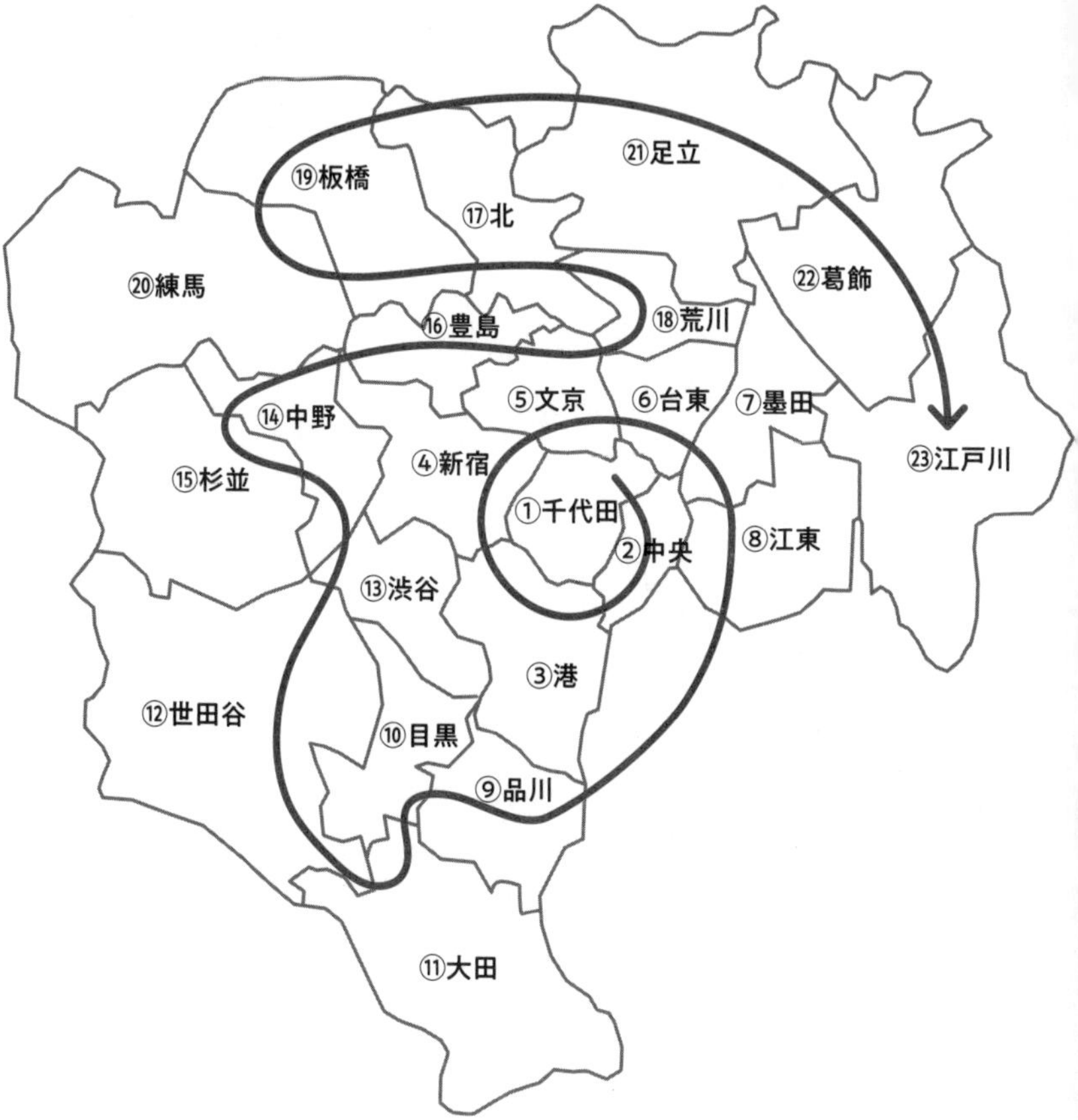
①千代田
②中央
③港
④新宿
⑤文京
⑥台東
⑦墨田
⑧江東
⑨品川
⑩目黒
⑪大田
⑫世田谷
⑬渋谷
⑭中野
⑮杉並
⑯豊島
⑰北
⑱荒川
⑲板橋
⑳練馬
㉑足立
㉒葛飾
㉓江戸川

区）↓世田谷区↓渋谷区↓中野区↓杉並区↓豊島区↓北区（滝野川区・王子区）↓荒川区↓板橋区↓練馬区↓足立区↓葛飾区↓江戸川区の順である。

順番が少しジグザグになっている箇所もあるが、これは区の成立時期の違いや、管轄していた郡が異なっていることから生じている。

第二章 区境に秘められた東京の歴史、東京の秘密

区に歴史あり。

災害がきっかけで区が誕生したり、地形の変化や経済的な事情により、区に編入したり……。

東京にも、いろいろな秘密があるんです。

1

明暦の大火によって誕生した「江戸川区」

東京の東部を北から南に流れて東京湾に注いでいる隅田川に、両国橋という橋が架かっている。両国という名前は「武蔵国」と「下総国」の両方の国にまたがっていることから名づけられた。かつては、両国橋がかかっている隅田川が、武蔵と下総の国境だった。だが、現在は江戸川（下流は旧江戸川）が武蔵と下総の国境、つまり東京都と千葉県の都県境になっている。これはどういうことかと言うと、江戸時代に国境が変更されたのである。

なぜ国境を変更しなければならなかったのか。

その最大の原因は、「明暦の大火」と呼ばれる大火災にあった。

江戸は人家が密集し道路も狭かったため、ひとたび火事が発生すると延焼を食い止めることができず、手がつけられないような大火災になることが少なくなかった。大火災は幾度となく発生しているが、特に被害が大きかった「明暦の大火」「明和の大火」「文化の大火」の3つの火災を、「江戸三大大火」と呼んでいる。

特に、1657（明暦3）年に発生した「明暦の大火」は、江戸市中を焼き尽くし、死者数が10万人以上に達する日本史上最大規模の大火災になった。江戸城の天守閣も、明暦の大火によって焼失したのである。

これはあくまでも俗説だが、娘の振袖が明暦の大火の原因だったといわれている。恋の病で死んだ娘の振袖を古着屋で買い求めた娘たちが、相次いで病死した。これはきっと恋の病で死んだ娘の祟りに違いないと、本郷丸山にある本妙寺の住職は、境内で供養しようと振袖に火をつけたところ、火のついた振袖が強風にあおられて空に舞い上がり、その炎は湯島、駿河台から日本橋方面へと燃え広がっていった。迫りくる炎から逃れてきた人々は、隅田川まで来たところで行く手を阻まれた。なぜなら、隅田川には橋が架けられていなかったからである。江戸城を防備する必要性から、隅田川には千住大橋しか橋が架かっていなかった。そのため、炎から逃れてきた人々は行き場を失い、隅田川に転落して水死する人や、炎に包まれて焼け死ぬ人、人波に押しつぶされて圧死する人など、未曾有《みぞう》の犠牲者を出した。もし隅田川に橋が架かっていれば、ここまで多くの人命が救われただろうことは想像に難《かた》くない。

この大火を契機に、幕府は大規模な都市改造に着手した。大名屋敷や寺社などを移動させて道路を拡張し、火除け地を設け、隅田川への架橋も認めるようになった。これまで、渡船に頼らざるを得なかった隅田川に橋が架けられたことにより、江戸の市街地は瞬く間に隅田川の対岸にまで拡大していった。

その結果、江戸の町が武蔵国と下総国の両国にまたがることになった。だが、江戸の城下が2国にまたがっていては、さまざまな面で支障が出る恐れがある。そこで、幕府は1686（貞享3）年、武蔵と下総の国境を隅田川から、10km以上東を流れる江戸川へと変更したのである。

もし隅田川への架橋を決断していなかったら、江戸の市街地は東ではなく、西へ西へと拡大し、武蔵と下総の国境を変更する必要はなかっただろうと思われる。そうなれば、東京都と千葉県の都県境は隅田川のままということになり、隅田川の東に位置する江戸川区や江東区、墨田区などが生まれることはなかったかもしれない。

2

町奉行の管轄外だった三大副都心と江戸四宿

大都市の活動の拠点になっている中心業務地を「都心」と言う。

東京では千代田区、中央区、港区の３つの区を**「都心３区」**と呼んでいる。この３区には、政府機関や金融機関、大企業の本社などが集中しているからである。

昭和30年代までは、この３区に新宿、文京、台東を加えた６つの区を「都心６区」と呼んでいた。東京市が発足した当時の15区のうち、13区が都心６区の中に入っている。江東区西部の深川地区と、墨田区西部の本所地区が都心６区から外れ、15区に含まれていない新宿区西部の淀橋地区が都心６区のメンバーに加わったことになる。

最近では都心３区に、都庁のある新宿区と渋谷区を加えて「都心５区」と呼ぶこともある。文京区と台東区が都心５区から脱落し、代わって渋谷区と新宿区の淀橋地区が加わった形である。このように、東京の都心の位置は長い月日の間に、移動していることがわかる。50年後、100年後の東京の都心がどこに移動しているのか、非常に興味深いテーマではないだろうか。

東京には、都心の副次的な役割を担う「副都心」がいくつも形成されている。過密化しつつある都心の機能を分散化する目的で設けられたもので、なかでも発展が著しい新宿、渋谷、池袋の3地区を「3大副都心」と呼んでいる。

この三大副都心は、東京が巨大都市に発展していく過程で新しく開発された地だが、明治になるまではのどかな農村地帯だった。幕府が1818（文政元）年に作成した「江戸朱引図」において、墨引の内側が町奉行の支配範囲だとされているが（第一章2項参照）、それに従うと、渋谷も池袋もここには入っていなかった。人家もまばらな農村だったのである。

新宿駅の東側に置かれていた内藤新宿だけが、かろうじてその範囲に含まれていた。新宿御苑は信州高遠藩内藤家の下屋敷跡である。同じ新宿区でも、新宿駅の西側は江戸の郊外に広がる農村地帯だった。その農村地帯が、今では超高層ビルが林立する東京の副都心として目覚ましい発展を遂げているのだ。当時ののどかな風景からは想像

三大副都心と江戸四宿の位置

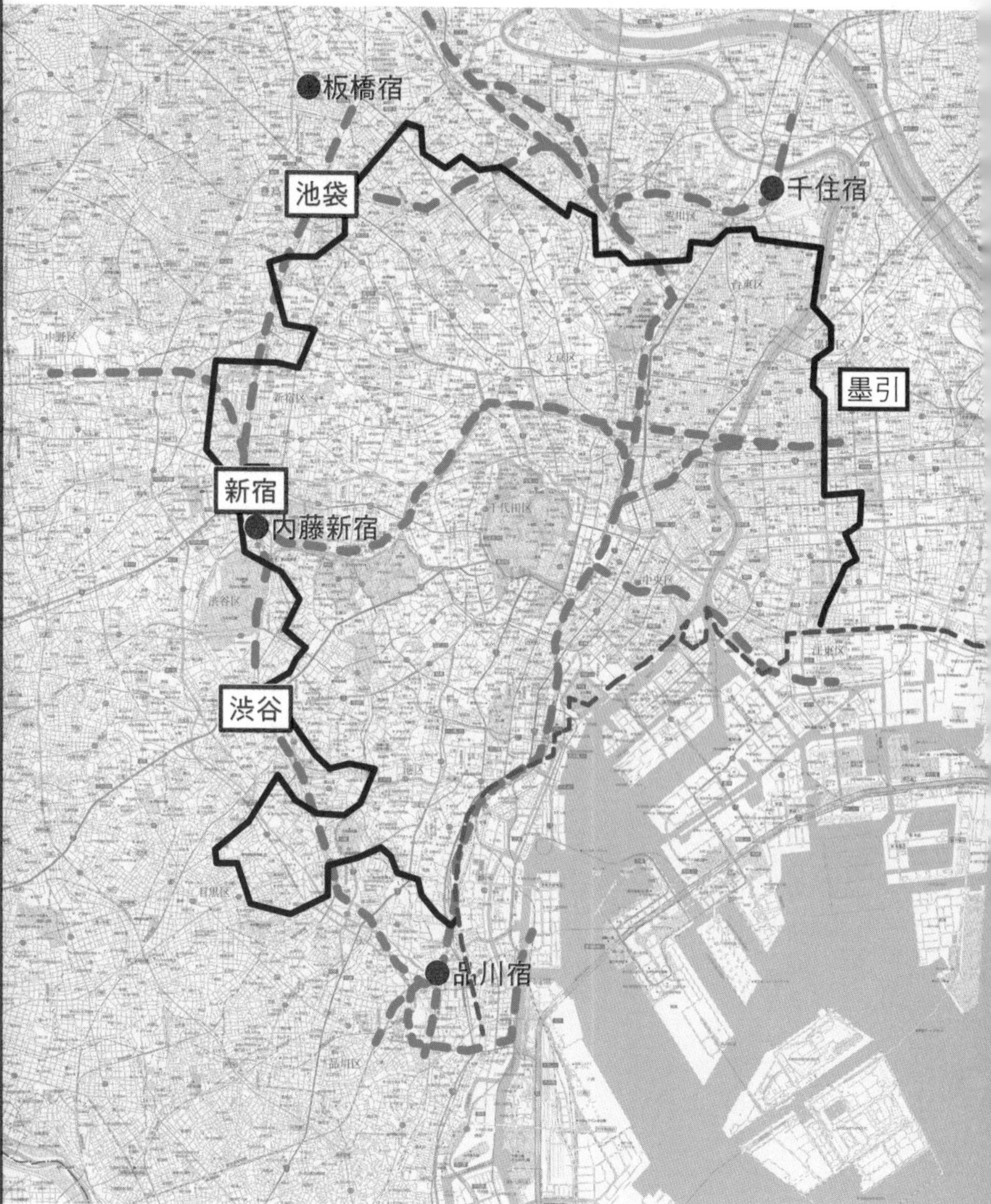

もつかないような変貌ぶりである。

江戸初期に、日本橋を起点に諸国に延びる東海道、中山道、日光街道、奥州街道、甲州街道の5つの街道が整備された。江戸の五街道である。日本橋から各街道の最初の宿場、すなわち品川、千住、板橋、内藤新宿を「江戸四宿」と言い、江戸の出入り口として重要な役割を担っていた。江戸四宿は日本橋からおおむね2里（8㎞）以内のところに置かれているが、四宿のうち町奉行の支配範囲に入っているのは内藤新宿だけ。残りの3宿はいずれもその外に存在していた。にもかかわらず、4つの宿は総称して「江戸四宿」と呼ばれていたのである。

3

最後に東京市に加わった村――今は高級住宅地

１９２３（大正12）年9月に発生した関東大震災で、東京は大きな被害に見舞われた。だが、震災後の復旧は目覚ましく、急速に都市化が進んでいった。そのため、人口集中による住環境や道路事情の悪化など、さまざまな都市問題を抱えることになった。それを解決するためにも、周辺の町村を編入して市域を拡張し、税収を増やして都市基盤を整備していく必要があった。そこで１９３２（昭和7）年10月、東京市は周辺の5郡（荏原、豊多摩、北豊島、南足立、南葛飾）82町村を一気に編入し、そこに20区を新設した。これによって市域は、それまでの6・8倍にまで拡大し、35区から成る大東京市が誕生したのである（第一章7項参照）。この35区の範囲が、現在の東京23区の範囲と同じかというと、実はそうではなかった。

東京市が35区になってから4年後の1936（昭和11）年10月、新たに2村が東京市に加わったのである。それが**千歳村**と**砧村**で、この2村は世田谷区に編入された。なぜ千歳村と砧村だけが編入されることになったのだろうか。東京市が市域を拡大して20区を新設するとき、千歳村と砧村も東京市への編入を希望していた。だが、その時は実現に至らなかった。千歳村も砧村も周辺の5郡ではなく、北多摩郡だったことが大きな理由である。北多摩郡はかつて神奈川県だった。別に、周辺の5郡と北多摩郡が敵対関係にあったというわけではない。とはいえ、衆議院議員や府会議員の選挙区は両地域では異なっていたこともあり、三多摩は周辺5郡のみの編入には反対の立場をとっていた。もし編入するなら、8郡すべてを東京市へ編入することを希望していたからだ。したがって、千歳村と砧村だけが、他の町村を出し抜いて東京市へ編入する、などということは認めるわけにはいかなかったのである。三多摩地区の反対により、千歳村と砧村の東京市への編入は実現しなかった。

では、4年後に北多摩郡に所属していた千歳村と砧村の2村だけが、東京市に編入できたのはなぜなのか。

もっとも遅く東京市に加わった千歳村と砧村

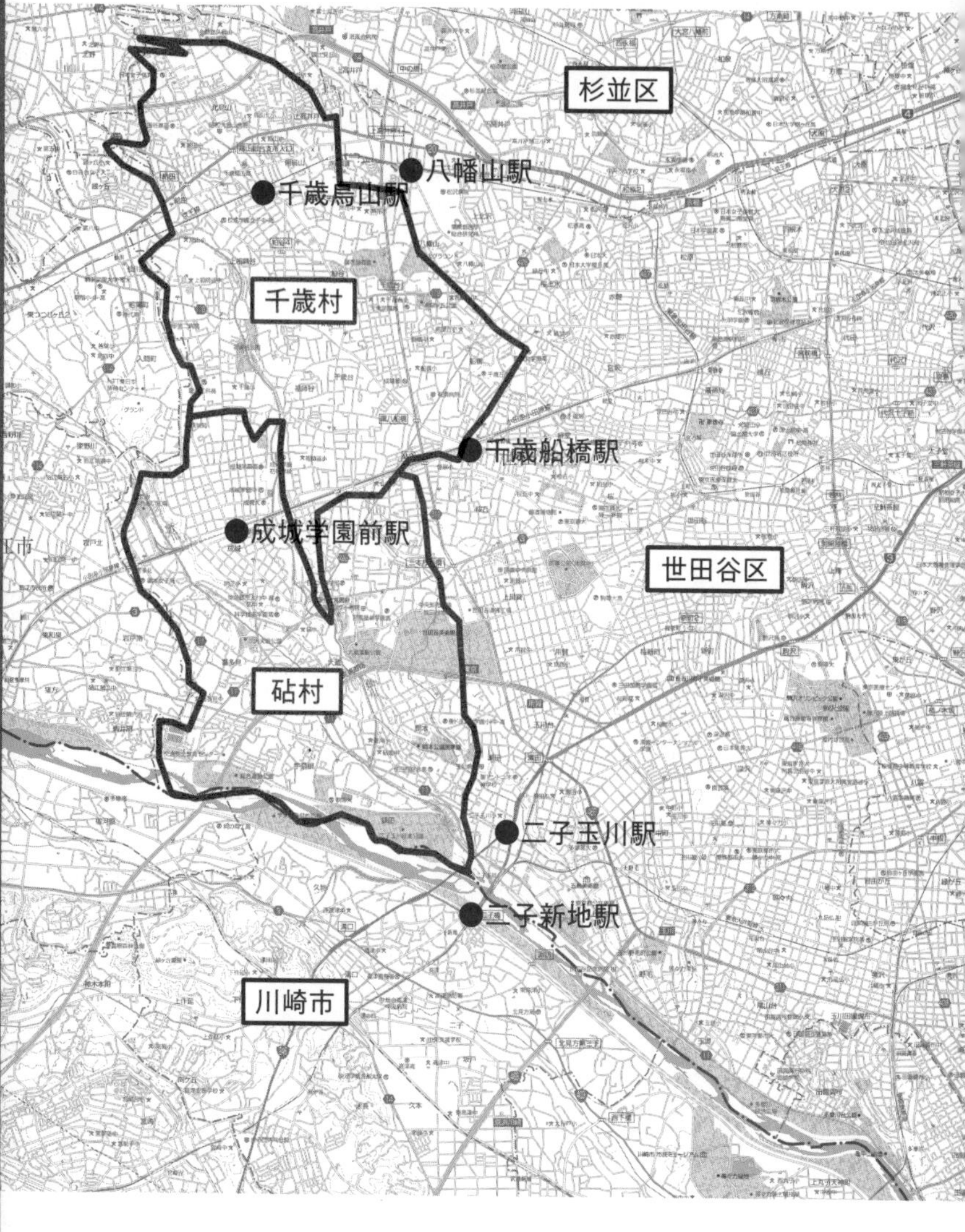

これにはさまざまな要因がある。両村の住民が東京市への編入運動を活発に展開したのもその理由のひとつだが、東京市の都市計画区域に、周辺の5郡にプラスして、北多摩郡の千歳村と砧村が指定されていたことが大きい。両村はすでに、東京市に編入された周辺の5郡と同程度の都市的基盤を備えていたし、住民の生活圏なども周辺の5郡と同じように、すでに東京市と一体化していたのである。これが千歳村と砧村の2村を、東京市へ編入させるという当初の計画を実現させる決め手になったようだ。千歳村も砧村も、東京市へ編入されたのがもっとも遅かったが、今では成城学園のように高級住宅地として発展している地域もある。

4 荒川区を流れているのに荒川ではない？

「荒川区」は、台東区に次いで2番目に面積の狭い区である（10・2㎢）。南側は台東区に、西側は北区に隣接している。そして、おかしなことに区名の由来になっているはずの荒川は、荒川区のどこにも流れていない。荒川区の北側に接する足立区と、東側で接している墨田区との境界には隅田川が流れている。

それなのに、なぜ荒川区と呼ばれるのだろうか。

実は荒川区が誕生した当時、一級河川の荒川は荒川区を流れていたのである。

荒川区が発足したのは１９３２（昭和７）年10月、東京市が周辺の5郡（荏原郡、豊多摩郡、北豊島郡、南足立郡、南葛飾郡）を編入して、そこに20区を新設したときである。20区のひとつに荒川区があった。その当時、荒川区の北縁を流れていたのは、まぎれもなく荒川であった。しかし、過去にしばしば荒川は氾濫し、東京の下町に大きな被害をもたらしてきた。特に1910（明治43）年に東日本を襲った台風で荒川は大氾濫を起こし、東京だけでも150万人以上が被災した。この大水害をきっかけに、荒川にバイパスを建設する計画が浮上し、翌年から荒川放水路の建設工事が着手されたのである。

この建設工事はこれまでにない大規模なもので、約1300戸が移転を余儀なくされた。工事が開始されてから7年後の1923（大正12）年、関東大震災に見舞われて工事は難航したが、20年の歳月を費やして1930（昭和5）年、ついに荒川放水路は完成にこぎつけた。北区の岩淵水門から東京湾まで全長24㎞、幅500mの大放水路である。荒川放水路の完成によって、流域の水害は激減した。

放水路が完成した時点では、あくまでも荒川放水路が正式名だった。したがって、荒川区の北縁を流れている河川は荒川であることに変わりはなかった。だが、1964（昭和39）年に河川法が改正された。河川の本流と支流で管轄が異なっていては不都合

荒川と隅田川

が生じる。そこで、河川の治水、利水の両面の水系を一貫管理体系にしようと考えたのである

本流が一級河川ならその支流も、そのまた支流も一級河川であるという考え方になった。これにより、荒川放水路が荒川の本流になり、正式な河川名も荒川放水路から「荒川」になった。一方、岩淵水門から下流はこれまで「荒川」と呼ばれていたが、この法律により、正式な河川名は「隅田川」になったのである。

法律の制定によって区名と河川名が合致しなくなったというわけだ。川の流れが変わったわけでも区境が変わったわけでもなかった。

5

荒川放水路が東京の地図を塗り替えた

荒川の氾濫を防ぐために建設された荒川放水路（現在の荒川本流）は、流域住民を水害の危険から救ったが、同時に東京の地形や地図を大きく塗り替えることになった。

荒川放水路は岩淵水門から東京湾の河口まで、幅500m、全長約24kmにもおよぶ大規模な放水路だ。これを単純に計算すると、24km（長さ）×0・5km（幅）＝12km²（面積）になる。これは台東区の約1・2倍の面積に匹敵する広さである。それだけの土地が荒川放水路の川底に沈み、あるいは堤防や河川敷に姿を変えたわけだ。そのため、多くの人々が長年住み慣れた土地を手放し、他の地域への移転を余儀なくされた。それまでひとつにまとまっていた町や村が、荒川放水路によって分断され、離れ離れになってしまった箇所もある。

荒川放水路が建設されたことにより、荒川放水路と旧荒川（隅田川）の流路に挟まれた地域は足立区の飛び地状態になった。そこには、東京23区北東部のターミナル駅として賑わう北千住駅も含まれる。北千住は、足立区が発足する前までは「南足立郡千住町」だった。千住町の一角には、南葛飾郡南綾瀬町の一部も取り残された。1889（明治22）年に市制町村制が施行され、南綾瀬村が発足する前までは柳原村だった地域で、現在の「足立区柳原1・2丁目」の全域である。

1932（昭和7）年10月、東京市は周辺の5郡を編入して20区を新設したが、その際に南足立郡も南葛飾郡も東京市に編入され、南足立郡千住町は足立区に、南葛飾郡南綾瀬町は葛飾区になった。千住町の一角に取り残された旧柳原村も、そのまま葛飾区になったため、荒川放水路対岸の千住町側に葛飾区南綾瀬町の飛び地が生じることになったのだ。

南綾瀬町の本体から切り離された柳原地区の住民は、生活の不便さを訴え、足立区への編入を求めた。葛飾区は住民の声を無視するわけにもいかず、葛飾区議会で議題として取り上げることとなった。この問題を契機に、足立区と葛飾区との間で行政区域の調整が行われることになったのである。

荒川放水路が東京の地図を変えた

現在の区境　　1969年以前の区境

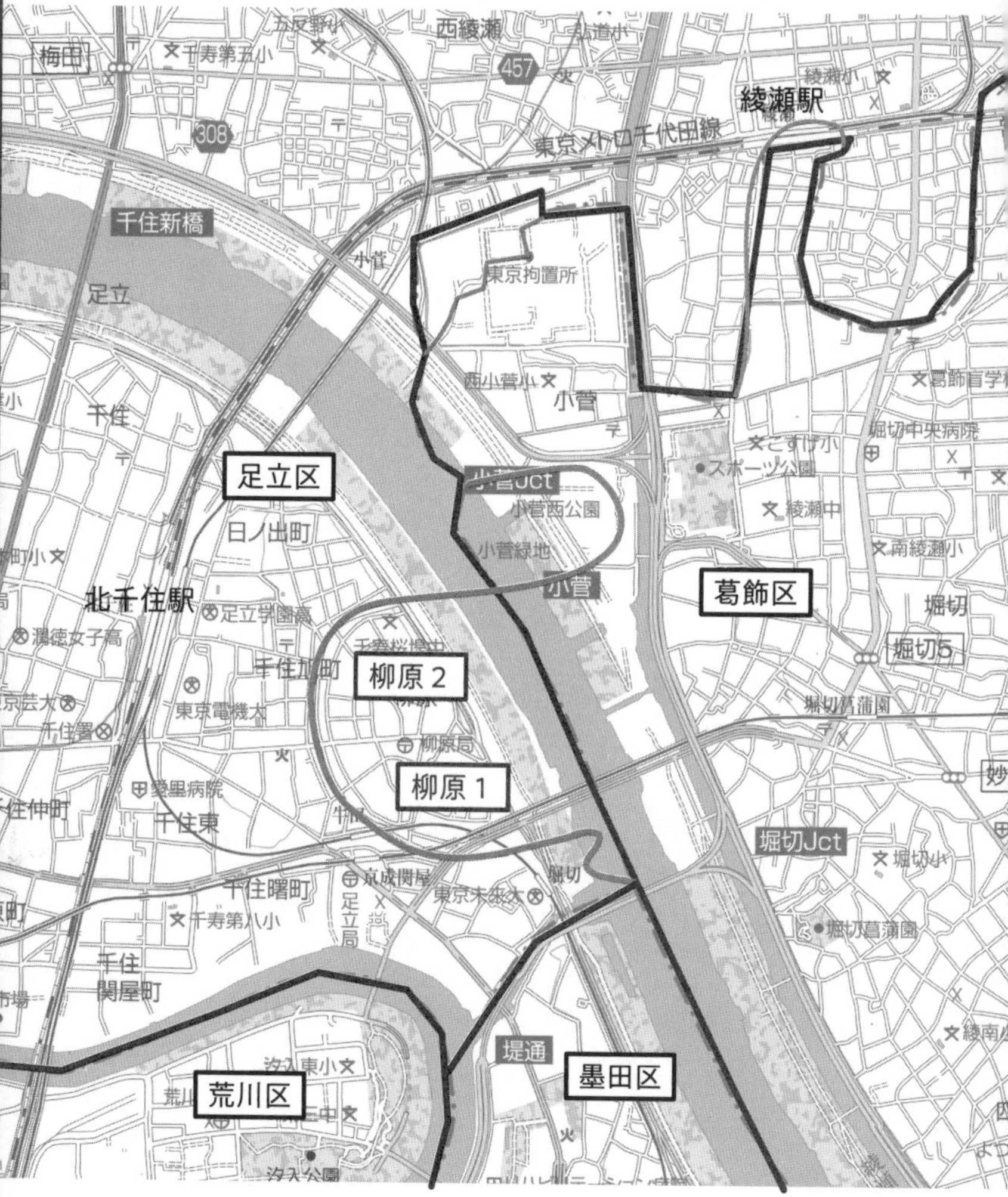

区境の変更でもっとも大きな動きがあったのは、1934（昭和9）年6月のことである。柳原地区をそっくり葛飾区から足立区に移管し、その見返りとして、葛飾区側に切り離された足立区日ノ出町の一部が葛飾区に編入された。

このほかにも、小菅の東京拘置所の敷地の一部が足立区から葛飾区へ編入され、綾瀬駅の周辺でも足立区と葛飾区との区境が変更された。

荒川放水路の沿岸では、足立区から向島区（現・墨田区）へ編入された地域もある。

6 実は埼玉県だった「浮間地区」

東京の代表的な河川と言えば、まず思い浮かべるのは荒川だと思うが、荒川ほど流路を目まぐるしく変えてきた河川も珍しい。

荒川は、古くは利根川の支流だった。山梨、埼玉、長野の3県境にそびえる甲武信ヶ岳を発して関東山地を流れ下り、秩父盆地を通って埼玉県北部の熊谷市付近で利根川に合流していたのだ。その利根川が、江戸初期まで東京湾に注いでいたことはよく知られている。利根川の東遷事業（瀬替え）により、1654（承応3）年から、鬼怒川の河道を奪って太平洋に注がれるようになった。利根川の瀬替えにともなって、支流の荒川は利根川から切り離され、入間川の流路に付け替えられた。そして、独立した河川として東京湾に流れ込むようになったのである。

荒川の語源が「荒れる川」、あるいは「荒ぶる川」と言われているように、昔からたびたび氾濫し、その都度、流域に大きな被害をもたらしてきた。先にも述べたが、特に被害の大きかったのが、1910（明治43）年に東日本を直撃した台風である。これを契機に、防衛対策として下流に荒川放水路が建設された（前項参照）。だが、荒川の氾濫は下流ばかりではなく、上・中流でもしばしば発生し、流域住民を苦しめてきた。荒川は川幅が狭かったばかりではなく、激しく蛇行していた。水害を防ぐためには、河川を直線化する必要があった。

荒川の上・中流の改修工事は1918（大正7）年頃からはじまった。新河岸川筋にある新倉村（現・和光市）から、岩淵水門までの区間も河川改修の対象になった。この荒川の大規模な河川改修工事により、激しく蛇行していた川筋は直線的になった。荒川の流路がこれまでと大きく変わったのである。荒川の右岸にあった地域が左岸になったり、左岸にあった地域が右岸になったりすることもあった。その代表的な例が、現在は北区の北西部を占める**浮間地区**（埼玉県北足立郡横曽根村大字浮間）だろう。河川改修により流路が変わり、それまでは荒川の左岸に開けていた浮間地区が荒川の右岸になり、横曽根村の本体から切り離されてしまったのだ。つまり、荒川の流路の変更で横曽根村の浮間地区だけが、荒川の対岸に飛び離れてしまったのである。

埼玉県だった北区の浮間地区

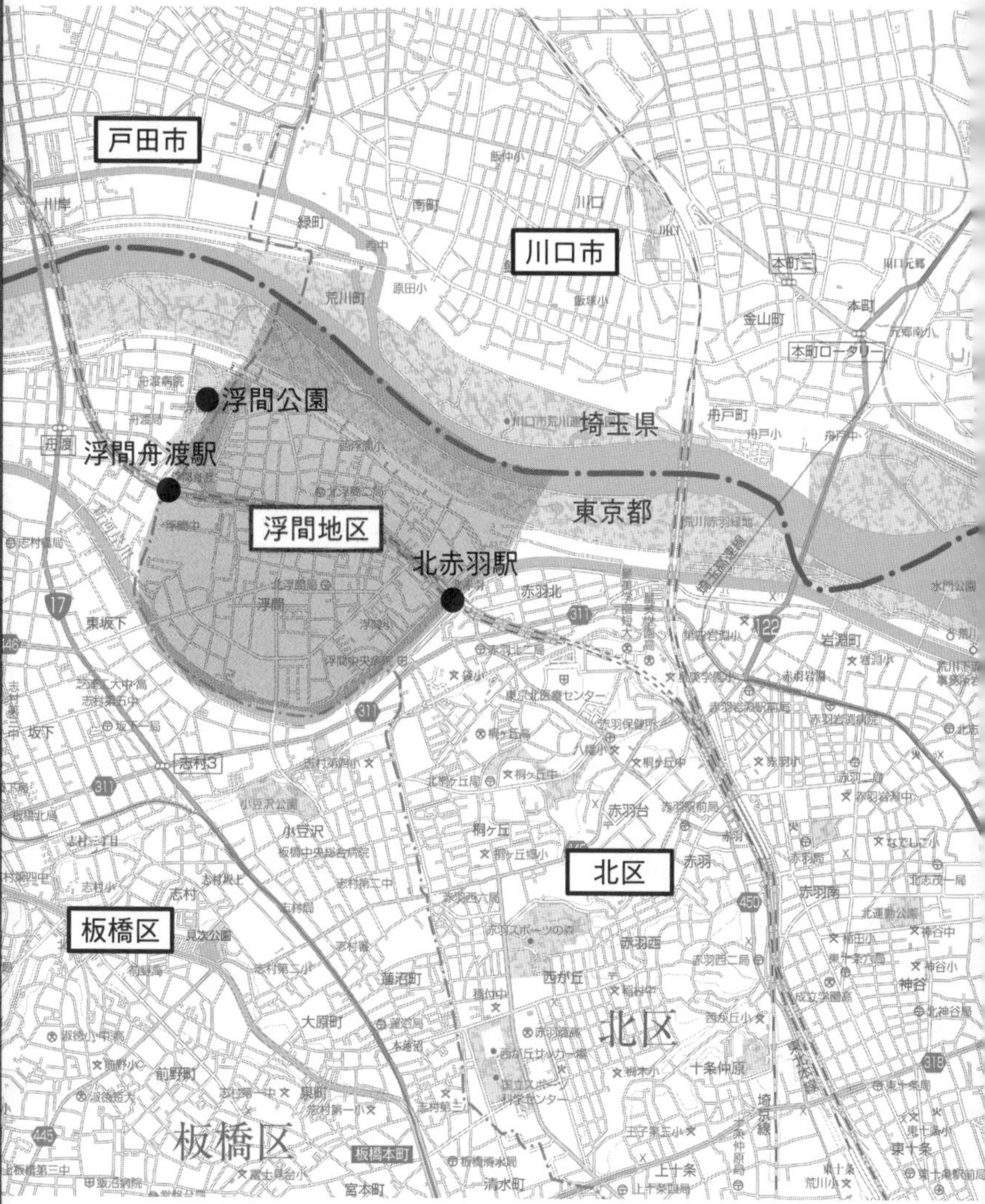

そのため、浮間地区の住民は不便を強いられることになった。当時、荒川には橋が架かっていなかったため、役場へ行くにも買い物で町へ出かけるにも、その都度、舟で対岸に渡らなければならなくなった。児童が学校へ通う際も、渡船に頼らざるを得ない。大雨が降ったときなどは、荒川が増水して危険でもある。これでは児童の安全が守れないばかりか、日常の生活にも支障をきたす。そこで浮間地区を、地続きになった荒川対岸の岩淵町（東京府豊島郡岩淵町）へ編入する案が浮上してきた。埼玉県横曽根村の村長と、東京府岩淵町の町長は、連名で浮間地区の岩淵町への編入を申請し、それが認められて１９２６（大正15）年10月、浮間地区は晴れて岩淵町に編入されることになったのである。府県境が変更され、浮間地区の分だけ埼玉県の面積が狭くなった。埼玉県の面積が減った分だけ、東京府の面積が広くなったことになる。

浮間地区は現在の「東京都北区浮間」である。のどかな農村地帯だった当時の面影はなく、マンションなど住宅が密集している東京のベッドタウンである。荒川と新河岸川の間に挟まれた面積２㎢ほどの一角だが、真ん中を東北・上越新幹線と埼京線が通り抜けており、板橋区との境界線上には、埼京線の浮間舟渡駅や浮間公園などがある。また、新河岸川をまたいだ橋上には、埼京線の北赤羽駅が設置されている。

7

都県境の変更を記念して開催された花火大会

荒川の河川改修で、埼玉県から東京に編入されたのは北区の浮間地区だけではなかった。浮間地区の西に隣接する板橋区の**舟渡地区**にも、かつて埼玉県だった地域がある。浮間地区と同じように、舟渡地区もまた荒川と新河岸川に挟まれており、東北・上越新幹線と埼京線が通り抜けている。浮間と舟渡の境界線上には、埼京線の駅が設置されているが、両地区の住民に配慮して、駅名は両地区の地名をつなぎ合わせて「浮間舟渡」駅としている。だが、駅の所在地は北区浮間4丁目である。

板橋区舟渡4丁目に戸田葬祭場があるが、その葬祭場の名前に埼玉と東京の境界線が変更になった痕跡をとどめている。戸田葬祭場は、1926（大正15）年に創立された民営の斎場と火葬場である。戸田葬祭場の北側を流れる荒川が、東京と埼玉の都県境になっており、対岸の埼玉県側には、戸田漕艇場（戸田ボートコース）で知られる戸田市がある。東京のベッドタウンとして、近年人口が急増した都市だ。戸田葬祭場の名前は、戸田市の戸田から取って名付けられている。

では、なぜ板橋区にある葬祭場の名称に、わざわざ埼玉県の都市名を用いる必要があったのだろうか。

前項でも紹介したように、大正時代に行われた荒川の大規模な河川改修工事の影響である。それによって荒川の北側に東京府の飛び地が生じたり、南側に埼玉県の一部が切り離されたりもした。戸田葬祭場が創立された当時は、荒川は戸田葬祭場の南側を流れていたので、戸田葬祭場は戸田町（現・戸田市）の本体と地続きになっていた。その荒川の流路が、東京府（北豊島郡）と埼玉県（北足立郡）の境界だった。つまり、戸田葬祭場の所在地は、葬祭場の名前が示すように「埼玉県北足立郡戸田町」だったのである。

ところが、荒川の流路が変わって北側を流れるようになったことにより、葬祭場のある一帯が戸田町の本体から切り離され、東京府側に飛び離れてしまった。

１９５０（昭和２５）年4月、板橋区と戸田市との間で、複雑に入り組んだ都県境をわかりやすくするための協議が行われた。その際、戸田葬祭場の周辺地域が、戸田市から板橋区に編入されることになったのだ。だが、葬祭場の名称は変更されることなく、創業当時の名前が引き継がれた。

境界変更には利害がともなうため、後々までしこりを残すことが少なくないが、板橋区と戸田市の場合は円満解決というか、納得した境界変更だったのだろう。翌年8月、都県境が変更になったことを記念して、両地域の交流を深める意味合いも込めて、荒川の河川敷で「戸田橋花火大会」が開催された。行政区域の変更を記念して花火大会が開催されたのは、恐らく全国でもここだけではないだろうか。花火大会は、翌年以降も継続して開催されるようになった。当初は板橋区と戸田市の共催で花火大会が行われていたが、現在は「いたばし花火大会」「戸田橋花火大会」という別々の名称で開催されている。だが、開催日は同じで、荒川を挟んで板橋区側の河川敷と、戸田市側の河川敷の両方で同時に打ち上げられるので見応えがあり、都県民に人気の花火大会になっている。

8 経済的な事情から県境を越えて区に

東京23区の北西端に位置する練馬区にも、1889（明治22）年に市制町村制が施行される前まで、埼玉県だった地域がある。閑静な住宅地として人気が高い、練馬区の北西部を占める**大泉地区**である。現在の地名で言うと、大泉学園町、西大泉、南大泉、東大泉、大泉町からなる一画がそれに該当する。大泉地区は、埼玉県新座郡と東京府北豊島郡にまたがっていた。新座郡には橋戸《はしど》村、小榑《こぐれ》村、新倉《にいくら》村が、北豊島郡には上土支田《かみどしだ》村があった。

1889年4月に町村制が施行され、新座郡の橋戸村と小榑村が合併して橋榑村が成立した。橋戸村の「橋」と、小榑村の「榑」を取って新村名としたのである。2年後の1891年には、橋榑村と新倉村の一部、そして北豊島郡の石神井《しゃくじい》村から分村した上土支田地区が合併して、北豊島郡大泉村が誕生した。つまり、橋榑村の全域と新

練馬区大泉地区も埼玉県だった

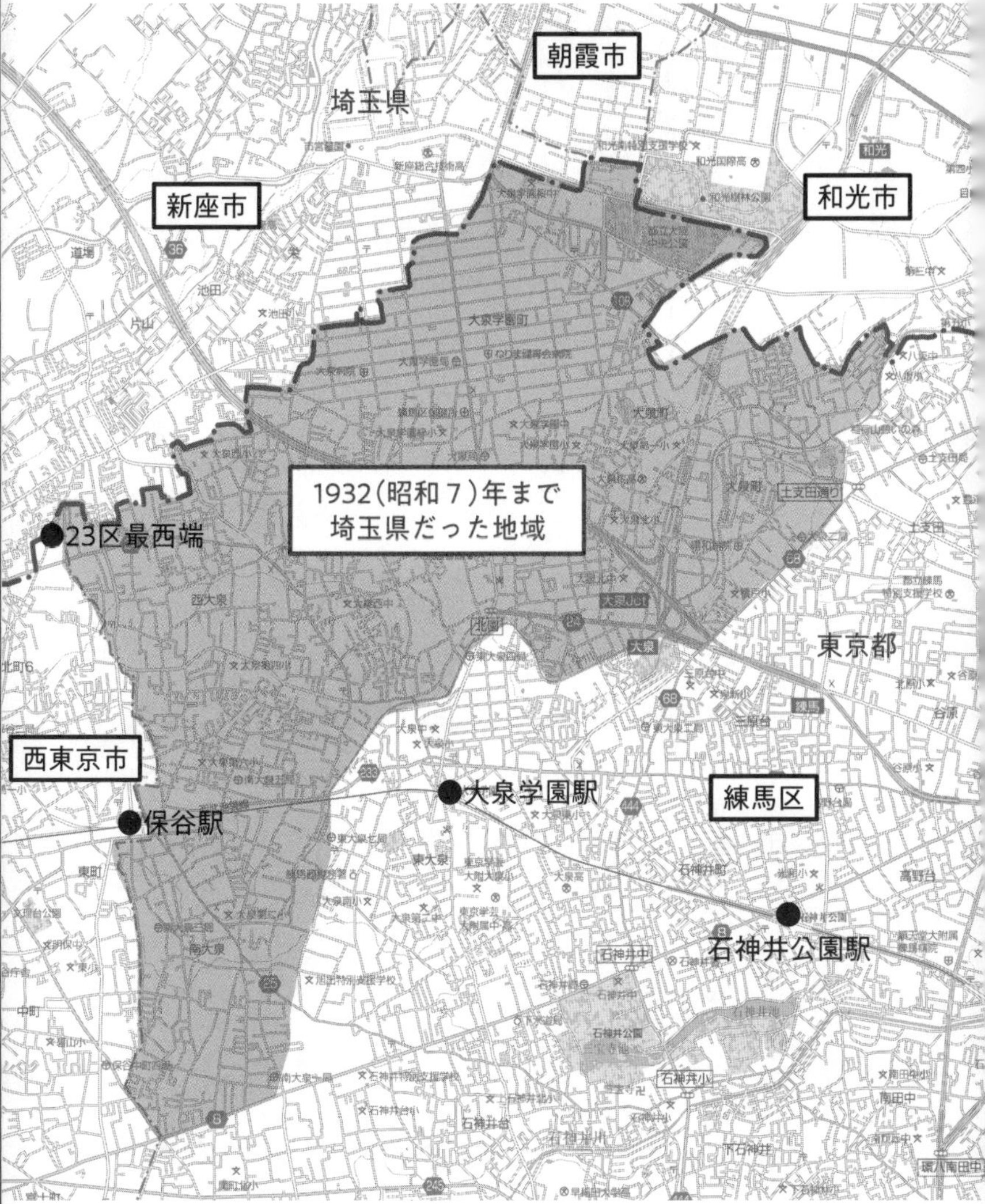

倉村の一部が、埼玉県から東京府に編入されたのである。

浮間地区のように、河川の流路が変わって住民の利便を図ることを目的に、やむを得ず越県合併したのではなかった。この地区には、特に大きな川が流れているわけではない。なのに、なぜ県境を越えてまで合併をしなければならなかったのだろうか。

そこには経済的な事情があった。どの村も人口は少なく、財政の乏しい農村ばかりだった。そのため、小学校を運営していくことさえ困難な状況下に置かれていたのである。その打開策として、村を再編成して財政基盤の整ったひとつの村として発足させる案が持ち上がった。

１９３２（昭和７）年10月、大泉村は東京市に編入された。東京市が周辺の５郡（荏原、豊多摩、北豊島、南足立、南葛飾）82町村を編入した時期である。82町村のうちの１村が大泉村だった。編入した５郡82町村の区域に20区が新設されたが、大泉村は板橋区の管轄になった。１９４３（昭和18）年７月に東京都制が施行され、１９４７（昭和22）年、東京35区は22区に統合された。同年８月、板橋区が余りにも広大であったため、西半分を分区した。それが現在の練馬区である。練馬区の北西部を占める大泉地区は、急速に都市化が進んでいった。

大泉地区には、東京23区の最西端の地点がある（西大泉6丁目）。23区最西端の地は、練馬区と西東京市と新座市（埼玉）の、3つの自治体の境界線が交わっている地点でもある。1923（大正12）年に関東大震災が発生したが、大泉地区はその翌年から、箱根土地会社による学園都市構想の下に開発がすすめられた。「大泉学園町」という地名に、当時の名残をとどめている。大泉地区は緑が豊かな閑静な住宅地であるとともに、関越自動車道と東京外環自動車道が交わる交通の要地でもある。

西武池袋線が東西に走っており、大泉学園駅がある。近い将来、都営地下鉄大江戸線の延伸にともない、大泉地区に新駅が開設される予定である。

・大泉学園町…小榑村の一部
・西大泉　　…小榑村の一部
・南大泉　　…小榑村の一部
・東大泉　　…石神井村上土支田
・大泉町　　…橋戸村

9

西東京市は埼玉県と神奈川県が合体した都市

練馬区の西に隣接する西東京市は、2001（平成13）年1月、保谷市と田無市が合併して発足した都市である。「東京」というブランド力にあやかって、余りにも安易につけた市名として、世間から痛烈な批判を浴びたことはまだ記憶に新しい。

東京都のうち、23特別区と島嶼《とうしょ》部を除いた地域を「三多摩」という。北多摩郡、南多摩郡、西多摩郡の3つの郡の総称である。「多摩地域」あるいは「多摩地区」と呼ぶこともある。西東京市は23区ではないので、もともと三多摩にあった都市だと思っている人がほとんどかもしれないが、実情はどうだろうか？

保谷市は1889（明治22）年4月、市制町村制の施行により上保谷村、下保谷村、上保谷新田村という、3つの村が合併して発足した保谷村をルーツとしている。その

西東京市は埼玉県＋神奈川県の都市

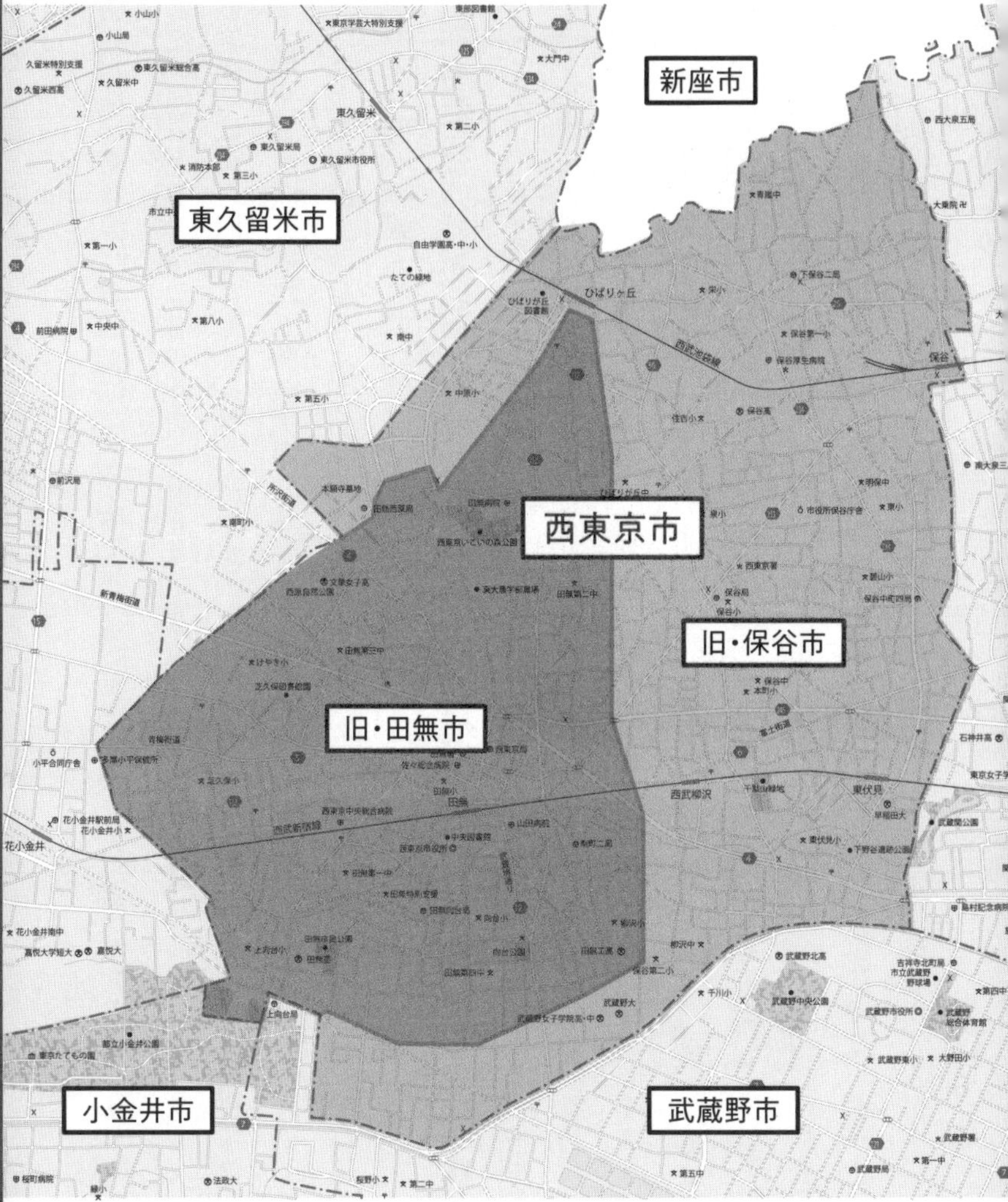

保谷村は、実は多摩地区ではなく、埼玉県新座郡に所属する村だったのである。

一方の田無市は、1889年の市制町村制で北多摩郡田無町として発足しているが、北多摩郡は東京府ではなく、神奈川県だった。ということは、西東京市は時代を遡れば、埼玉県新座郡の村と神奈川県北多摩郡の町が合併して成立した都市だったのである。北多摩郡は1893（明治26）年4月、南多摩郡と西多摩郡とともに、神奈川県から東京府へ移管されている。

保谷村では、地域的なつながりの強さから東京府北多摩郡へ編入しようとする動きがあった。地図を見るとわかるが、保谷村の村域は田無町を包み込むように、北多摩郡に突き刺さるような形で田無町の両側から細長く伸びていた。したがって、保谷村は新座郡より北多摩郡に所属した方が、地理的に見ても自然だと言える。だが、1896（明治29）年4月、新座郡は埼玉県北足立郡に編入されて消滅してしまったのである。そのため、保谷村も自動的に北足立郡の管轄下に置かれることになった。

しかし、保谷村の北多摩郡への移管を熱望する住民の声は根強く、保谷村の村長を中心に北多摩郡への編入を国へ粘り強く働きかけ続けた。その地道な運動が実って、1907（明治40）年4月、ついに保谷村は北足立郡から北多摩郡への編入が実現したのである。これによって、保谷村は田無町と同じ東京府北多摩郡に所属する村になった。

保谷村は1940（昭和15）年11月、町に昇格した。そして1967（昭和42）年4月、田無町とともに市に昇格し、東京のベッドタウンとして目覚ましい発展を遂げていった。保谷市と田無市が合併して発足した西東京市は、面積こそ15・8㎢と狭いが、人口は20万人以上を有している。23区並みの人口密度である。昭和30年代に市の北西部に開発された「ひばりヶ丘団地」は、保谷市と田無市、東久留米市の3市にまたがっていることから、当初は3市の合併構想も浮上していた。市の南部を西武新宿線が、北部を西武池袋線が東西に通じており、西武新宿線には田無駅と西武柳沢駅、東伏見駅の3駅が、西武池袋線にはひばりヶ丘駅と保谷駅が設置されている。

10

紆余曲折の末に誕生した新宿区

東京の都心の一角を形成している**新宿区**は、１９４７（昭和22）年3月に、東京35区が22区（同年8月、23区になる）に統合された際に発足した。１８８９（明治22）年の市制施行で東京市が発足した当時の15区と、１９３２（昭和7）年に新設された20区、すなわち郡部にまたがっている区であることからもわかるように、新宿区が成立するまでには、合併する枠組みをめぐって紆余曲折があった。

旧15区と新20区が合併して発足したのは、新宿区だけではない。ほかに江東区（深川区＋城東区）と墨田区（本所区＋向島区）がある。港区も赤坂区、麻布区、芝区の3つの区が合併して成立したが、すべて旧15区である。旧15区と新20区が入り混じって3区が合併、成立したのは、唯一新宿区だけである。新宿区は旧15区の四谷区と牛込区、それに20区が新設されるまでは郡部であった淀橋区の、3つが合併して成立し

紆余曲折の末に誕生した新宿区

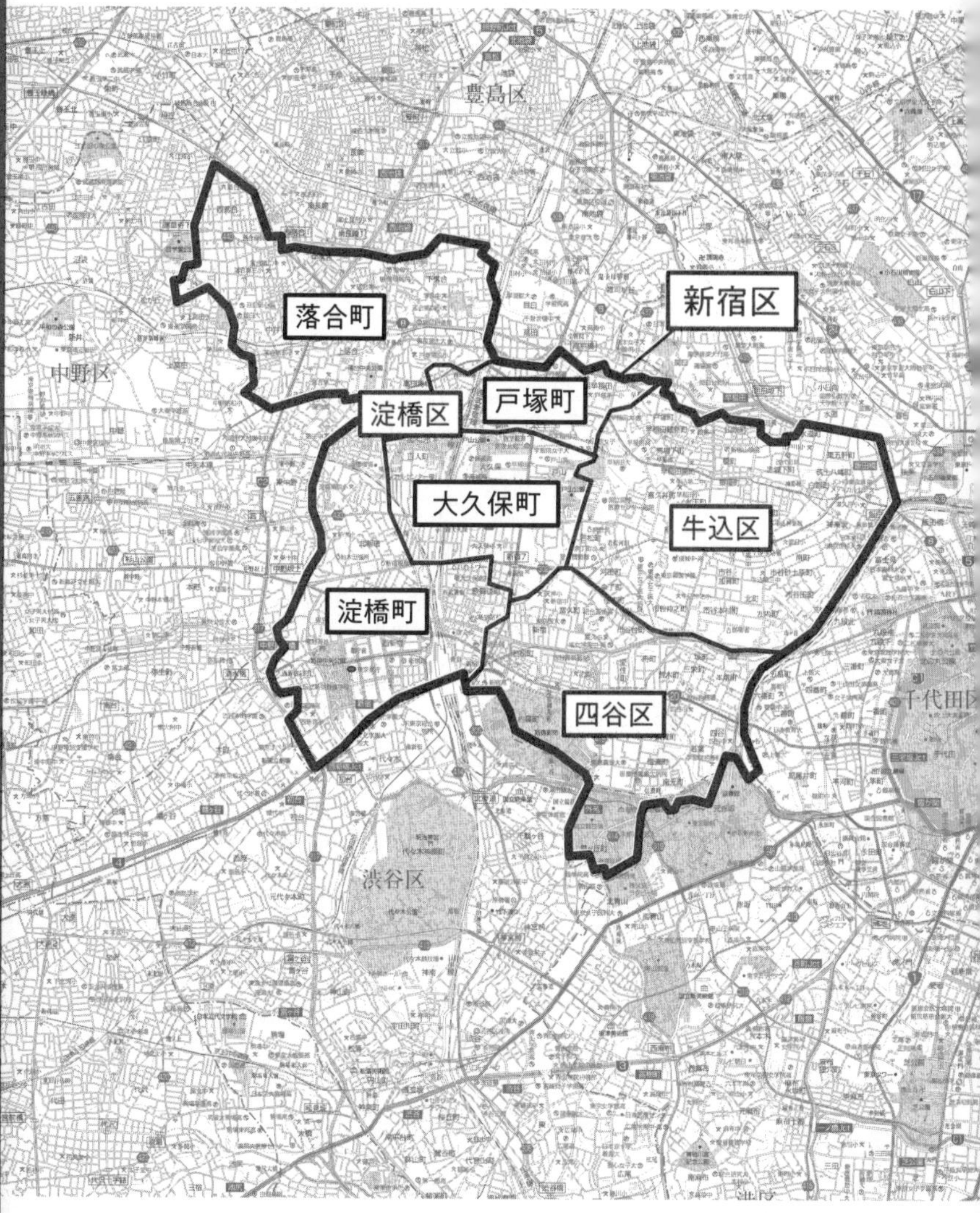

た。都市化が進んでいる四谷区と牛込区にしてみれば、まだ農村色が残る淀橋区と合併するより、より都心に近い区との合併を望んだのだろう。港区がすべて旧15区の3区が合併したように、四谷区と牛込区も、旧15区の麹町区や小石川区との合併を模索していたとしても不思議なことではない。だが、それは実現しなかった。

四谷、牛込、淀橋の3区が合併して新宿区が発足した当時、都市化がもっとも遅れていたのは、当然のことながら淀橋区だった。その淀橋区は現在の新宿都心部。現在はもっとも発展し、新宿区の心臓部を形成しているのはなんとも皮肉である。西新宿の超高層ビル群も、東京都庁も、そして乗降客数世界一を誇る巨大ターミナルの新宿駅も、すべて旧淀橋区に位置する。

淀橋区は1932（昭和7）年10月、淀橋町、大久保町、戸塚町、落合町の4町が東京市に編入され、20区のひとつとして誕生した区である。しかし、当初は4町が合併する予定ではなく、淀橋、大久保、戸塚の3町が合併して淀橋区を発足させる手はずになっていた。ところが、落合町が淀橋、大久保、戸塚の3町の枠組みの中に、「俺も仲間に入れてくれよ」と言わんばかりに、あとから入り込んできたのである。落合町は1889年に市制町村制が施行された際に、上落合村、下落合村、葛ヶ谷村の3

村が合併して落合村となり、1924（大正13）年2月、町に昇格した自治体である。

東京府が計画していた原案では、落合町は中野区に組み込まれることになっていた。地理的な位置から見ても、そのほうが自然だろう。しかし、中野区に加わるはずだった落合町が、府の構想に真っ向から反対し、あとから淀橋区に加わったのである。そのため、新宿区が歪な形をした区になった。地図を見ればわかるように、区の北西部が新宿区の本体から突き出し、中野区のほうに食い込んでいる。しかも、落合町と戸塚町の境界には神田川が流れている。神田川が淀橋区と中野区の境界になったほうが、地理的に見ても、地域的なまとまりがとれるように思える。それなのに、落合町が淀橋区に組み込まれることになったのは、農村地帯だった中野町や野方町と合併するより、より都心に近い戸塚町、大久保町、淀橋町と一緒になることを住民が強く望み、府や市へ熱心に働きかけたことが功を奏したからである。

このように、東京市が15区から35区に拡大し、また35区から23区に統合される過程で、各区および町村の間で激しい綱引きが行われたのは新宿区だけではなかった。合併の枠組みにはさまざまな案が浮上していたが、各区、各町村の思惑や力関係が絡み合った末に、現在の行政区域が確定したのである。

11

外濠の上にある建物、その名も「区境ホール」

江戸城の外濠は何区だかご存知だろうか？

新宿区と千代田区の区境だと思っている人が多いのではないだろうか。たしかに、江戸城の外濠はほぼ両区の境界になっている。だが、新宿区と千代田区の区境が複雑に入り組んでいるところもある。それが、中央線や東京メトロと都営地下鉄の飯田橋駅が設置されている飯田濠の付近である。１９８０年代に入るまでは、この飯田濠の真ん中に両区の境界線が引かれていた。

かつて、江戸城の外濠は満々と水を湛えていた。外濠は海（東京湾）ともつながり、物資輸送の交通路として重要な役割を担っていたのである。だが、関東大震災や、第二次世界大戦末期に起きた東京大空襲により、東京は廃墟と化した。その際、大量に発生した瓦礫《がれき》やゴミなどが、外濠にも投げ捨てられ、水面は次第に姿を消していった。高度成長期に入っても、開発による埋立ては止まらず、外濠の水面はほとんど失われた。弁慶濠や市ヶ谷濠、牛込濠など、今も水面を覗かせている外濠が、わずかに残っているばかりである。埋立てによって外濠は途切れ途切れになり、1本の水路としては機能していない。

1970年代に入ると、東京都の再開発事業により、埋立て工事などが各地で活発に行われるようになると、飯田濠も埋め立てられることになった。都市空間を有効活用しようということなのだろう。外濠に架かる飯田橋から牛込橋までの、およそ300mの区間がかつての飯田濠である。飯田濠は1660（万治3）年、幕府の命《めい》により整備されたもので、これにより江戸湊からも船が乗り入れられるようになった。飯田濠には荷揚場が設けられ、全国から運ばれてきた食料や木材などの物資が飯田濠から荷揚げされた。新宿区にある「荷揚町」という地名が、当時の名残をとどめている。

飯田濠の再開発構想は、1950年頃からすでに浮上していたが、具体化したのは飯田濠の水質汚濁など、環境の悪化が顕著になってきた1970年代に入ってからのことである。1972（昭和47）年、都の市街地再開発事業という名のもとに、飯田濠は埋立ての対象になり、そこに駅ビルが建設されることになった。しかし、東京に残された数少ない濠の水辺は貴重である。「その水辺を保存すべきだ」と、埋立てに反対する地域住民が立ち上がり、推進派との間で激しい攻防戦が展開された。一発触発、あわや機動隊が出動して強制執行かと思わせる緊迫した局面もあったようだ。結局、反対運動は押し切られ、和解して機動隊との衝突は回避された。

やがて飯田濠は埋め立てられ、1984（昭和59）年9月、飯田濠跡地に「飯田橋セントラルプラザ・ラムラ」という20階建てのビルが竣工した。

その前年の1983年8月、埋め立てられて陸地になった濠跡部分の区境が変更されることになった。「千代田区飯田橋4丁目」の一部が新宿区に編入され、「新宿区神楽河岸」の一部が千代田区に編入されたのである。飯田濠が埋め立てられる前までは、濠の中央の水面が新宿区と千代田区の境界になっていた。だが、埋立て後も区境をそのままにすると、細長い飯田橋セントラルプラザ・ラムラの事務棟と住宅棟の2つの建物の中を、新宿区と千代田区の区境が通ることになる。行政上、支障をきたす恐れ

区境ホールが外濠の上にある

があったため、区境の変更に踏み切ったというわけである。

両区の面積が変わらないように線引きされ、それまでほぼ直線的だった区境は、四角張った「Sの字」のような形になった。これにより、セントラルプラザ・ラムラの事務棟が新宿区に、住宅棟が千代田区の管轄になった。事務棟と住宅棟の間には、新宿区と千代田区の区境をまたいだ、その名も**「区境ホール」**という空間が設けられた。区境ホールの床には、新宿区と千代田区の区境を示すプレートがはめ込まれている。吹き抜けになっている区境ホールでは、定期的に音楽ライブなどが開催されている。

第二章
区境をめぐる激しい争い

区境は今でこそ明確だが、この形にとどまるまでは幾度となく、激しい抗争が繰り広げられた。

利害が絡むと怖いのはいずこも一緒。ここでは、区同士の争いについてご紹介していきたいと思う。

1 東京湾上 江東、港、品川3区の領土争い

東京湾沿岸の埋立ては江戸時代にはじまるが、明治から大正、昭和、平成……と時代は移り変わっても、埋立て工事が止《や》むことはなかった。埋立ては工業用地や居住地を確保するとともに、大量に発生するゴミを処理するため、また、遠浅の東京湾に航路を確保する浚渫《しゅんせつ》工事で出た土砂を処分するためにも、必要不可欠な造成工事なのである。明治以降、佃島や月島、勝どき、芝浦、豊洲、東雲《しののめ》、有明など、東京湾の臨海部に埋立地が次々に生まれ、陸地は沖へ沖へと拡大していった。

だが、東京湾上の埋立地に、高層ビルが林立する副都心が誕生しようとは、数十年前には誰に想像できただろうか。戦後、東京は敗戦の痛手から立ち直り、たくましく復興に向かっていったが、それとともに都心への一極集中化が急速に進み、通勤地獄

や交通渋滞を招くようになった。このまま都心への過密化が進めば、首都としての機能が麻痺する恐れが出てきた。その回避策として、1958（昭和33）年に首都圏整備計画が策定され、都心機能の分散化を図るために「新宿」、「渋谷」、「池袋」の3地域を副都心に指定。都心の副次的な機能を担わせることになった。

1982（昭和57）年には、「上野・浅草」、「錦糸町・亀戸」、「大崎」の3地域も副都心として追加認定された。これで、副都心は全部で6カ所になった。それでも、バランスのとれた首都として発展させるには不十分だとして、1979（昭和54）年に開かれた「マイタウン構想懇談会」で、東京湾上の埋立地に副都心を建設するという大胆な構想が浮上し、実現に向けて大きく動き出したのである。

1995（平成7）年、7番目の副都心となる**「臨海副都心」**が誕生し、開発は急ピッチで進んでいった。

臨海副都心は、通称「お台場」と呼ばれる有明、青海、台場にまたがる地域を言い、「レインボータウン」の愛称で親しまれている。今では大型の商業施設、オフィスビル、高層マンション、ホテルなどが建ち並び、国際展示場やレジャー施設、大学のキャンパス、公園など、年を追うごとに副都心としての機能が整いつつある。

かつて、廃棄物などで造成された埋立地は厄介者扱いされ、埋立地に隣接する区はそれを管轄することをためらったものだが、埋立地に利用価値のあることが認識されるようになると、その帰属をめぐって激しい綱引き合戦が繰り広げられるようになった。お台場も**「13号埋立地」**と呼ばれる、廃棄物などで造成された埋立地である。昭和50年代には、13号埋立地の帰属をめぐって、東京湾沿岸の各区で激しい領土争いが繰り広げられた歴史がある。ただ、領土争いといっても、自分の区の領土として獲得しようとするための争いではなく、放棄するための争いだった。

13号埋立地が造成された当時は、ただ雑草が茂るだけの広大な荒れ地に過ぎなかった。もし、そのような土地が、自分の区の管轄になったらそれこそ大変である。荒れ地のまま放っておくわけにもいかないし、道路の整備や緑化対策など、その土地の管理費に莫大な資金を投じる必要も出てくるだろう。当時13号埋立地は、各区の財政を浪費するだけで、何も価値もない不要な土地という認識が強かったのである。そのような土地の管轄を押し付けられてはたまったものではない。東京湾に面する各区では、互いに熾烈な押し付け合いの領土合戦が展開されたのである。臨海副都心、つまり13

東京湾上に江東、港、品川３区の境界線がある

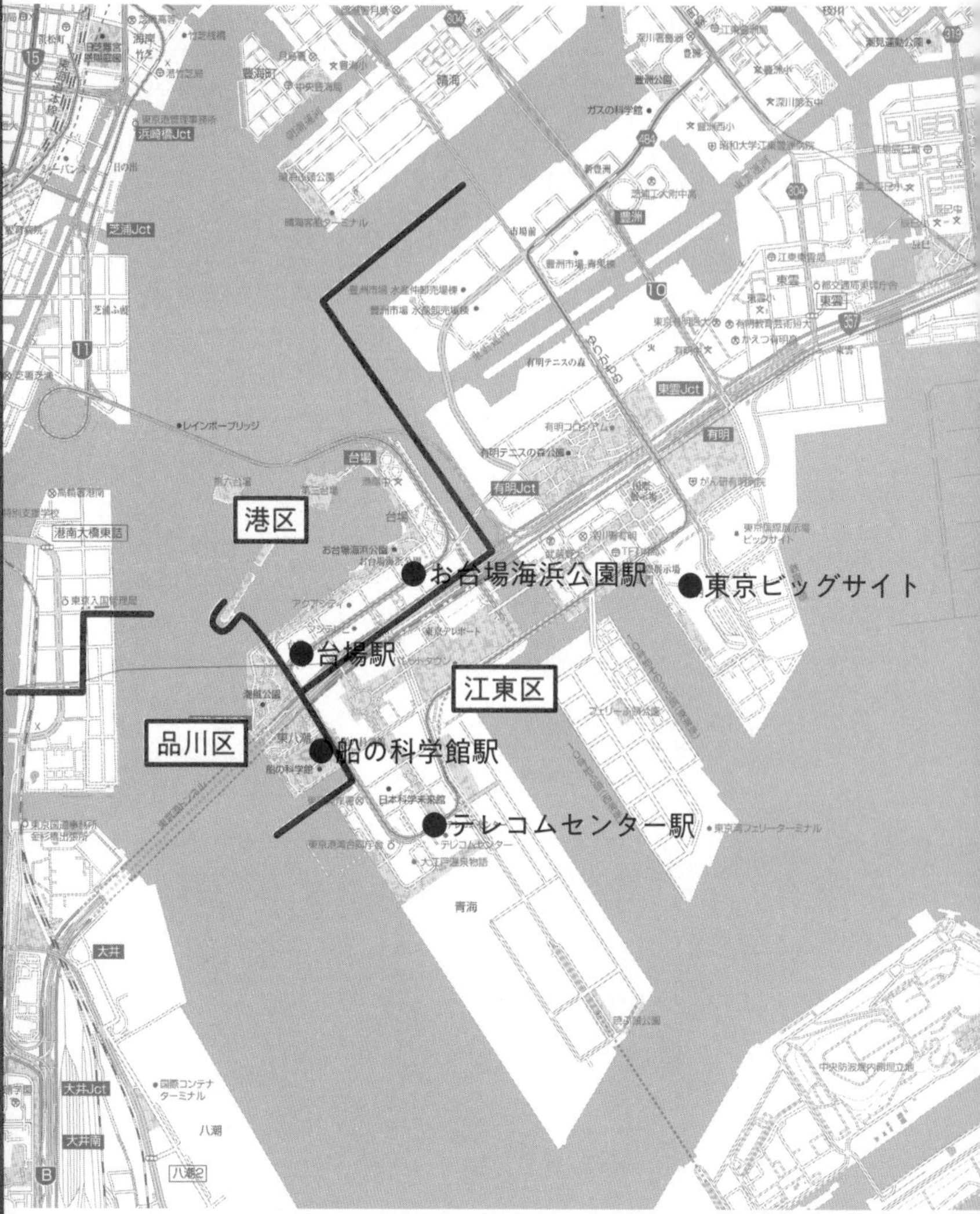

号埋立地の西部を占める青海地区に、江東区、港区、品川区の3区の境界線が交わっている地点がある。それこそが、押し付け合いの着地点を物語っている。広大な埋立地は江東区、港区、品川区の3区に分割することで決着したのである。臨海副都心の「青海1〜4丁目」と「有明1〜4丁目」は江東区だが、「台場1・2丁目」は港区、「東八潮」は品川区というように、隣接する地域なのに管轄が違うのだ。また、テレコムセンターや東京湾岸署は江東区だが、フジテレビやお台場海浜公園は港区、船の科学館や都立潮風公園は品川区の管轄になっている。

本来、埋立地は地続きになっている自治体の管轄になるのが普通である。その原則からいくと、臨海副都心はすべて江東区の管轄ということになるが、埋立地の一部は対岸の港区と品川区の管轄になっている。港区と品川区は、対岸の土地を獲得したのではなく、当時は厄介なシロモノを引き取ったという形だったのである。

2 江東区と大田区の領土争いはいつ決着する？

　東京湾は三浦半島先端の剱崎《つるぎさき》と、房総半島先端の洲崎《すのさき》を結んだ北側の海域を言うが、三浦半島東端の観音崎と、房総半島の富津岬《ふっつみさき》を結んだ内側の海域が狭義の東京湾である。狭義の東京湾の沿岸部はすべて埋立地だと言ってもよく、東京、神奈川、千葉の3都県の埋立地は、合計すると300㎢以上にもなる。これは、東京23区のおよそ半分にも相当する。特に東京23区の沿岸部には、はるか沖合まで埋立地が広がっている。埋立地が余りにも広大なため、本来は遠く離れていた区と区が、埋立地を介して隣接するという現象が起きるようになった。そのため、近年は埋立地の帰属をめぐって領土争いが発生している。

　お台場の南東沖合には、**「中央防波堤埋立地」**という広大な埋立地がある。中央防波堤埋立地は「内側埋立地」と「外側埋立地」、および「新海面埋立地」から成り、面積は509ヘクタール(5・09㎢)にもなる。これは千代田区の約半分の大きさである。この埋立地が紛争の舞台になっているのだ。かつての13号埋立地のように、その土地の管轄をほかの区に押し付けようというのとは勝手が違う。むしろ、少しでも多くの土地を獲得しようと各区が躍起になっているのだ。昭和50年代とは事情がまったく異なっていると言えよう。

中央防波堤埋立地は、都内で発生する廃棄物の処分場として、1973(昭和48)年の「中央防波堤内側埋立地処分場」の埋立てからはじまった。1977(昭和52)年には、「中央防波堤外側埋立地」が、1998(平成10)年には、外側埋立地の南側に広がる「新海面埋立地処分場」の埋立てに着手されている。ところが、これらの埋立地の帰属が、いまだに決まっていないのである。そのため、いまだに開発はほとんど進んでおらず、臨海副都心として目覚ましい発展を遂げたお台場とは余りにも対照的な、殺伐とした光景が広がっている。

中央防波堤埋立地の領有を、当初は江東、中央、港、品川、大田の5区が主張していた。だが、1980(昭和55)年に中央防波堤埋立地に廃棄物などを運ぶための「第二航路海底トンネル」が完成し、お台場(江東区青海)と中央防波堤内側埋立地が陸続きになった。２００２（平成14）年には、大田区の城南島と中央防波堤外側埋立地が、東京港臨海道路の臨海トンネルでつながった。これにより、地続きにならなかった中央、港、品川の3区は勝ち目がないと判断したのか、領有権争いから手を引いた。その後は、江東区と大田区の一騎打ちへと発展する。しかし、江東区と大田区の主張は一向にかみ合わず、膠着《こうちゃく》状態が続いていた。

だが、２０１４（平成26）年になると、この問題を早期に決着させようという機運が一気に高まってきた。中央防波堤埋立地の一部が、２０２０年の東京五輪の競技会場として使用されることが決まったからである。江東区と大田区は、帰属問題を解決するために本格的な協議を開始した。けれど、双方の主張は平行線をたどるばかりで一向に進展はなく、協議はついに決裂。２０１７（平成29）年7月、両区は領有権問題に終止符を打つために、都の調停に委ねることになった。

江東区も大田区も、中央防波堤の１００％の領有を主張していた。両区にはそれぞれ言い分がある。日本では原則として埋立地は陸地と地続き、あるいは陸地に近接している自治体に帰属するものと考えられているからである。また、都内で発生した廃棄物の多くが、江東区の道路を通って運搬され、同区の地先で処理されてきた。それによる騒音や公害などから、江東区民が被った苦痛ははかり知れない。これらを根拠に、中央防波堤埋立地の領有は江東区にある、というのが、江東区の主張である

一方、大田区側の主張は次のようなものである。東京湾臨海道路の完成後、臨海トンネルを通って廃棄物が運搬されていること。また、この海域では古くから海苔の養殖が営まれてきたが、漁業権のほとんどが大田区側にあったことを理由に領有権を主張しているのだ。

これに対して、同年10月に都は調停案を示した。公有水面の境界を決める基準として、琵琶湖などの湖上に境界線を引く際に採用された「等距離線方式」を重視し、その他の事情も考慮して「江東区に86・2%、大田区に13・8%」に配分するというものだった。実質的には江東区の勝利といってもいい内容だろう。江東区はもちろんこの調停案を受け入れたが、大田区側はとうてい受け入れ難い内容だとしてこの調停案を拒否。大田区は東京地裁に提訴し、徹底抗戦する構えである。

２０１９年5月、東京地裁は「全体の79・3%を江東区、20・7%を大田区」とする判決を言い渡した。はじめて司法判断が下ったわけだが、本判決には両区とも納得しておらず、この帰属問題の解決にはまだ時間がかかりそうである。

地裁判決で示された「中央防波堤埋立地」の帰属

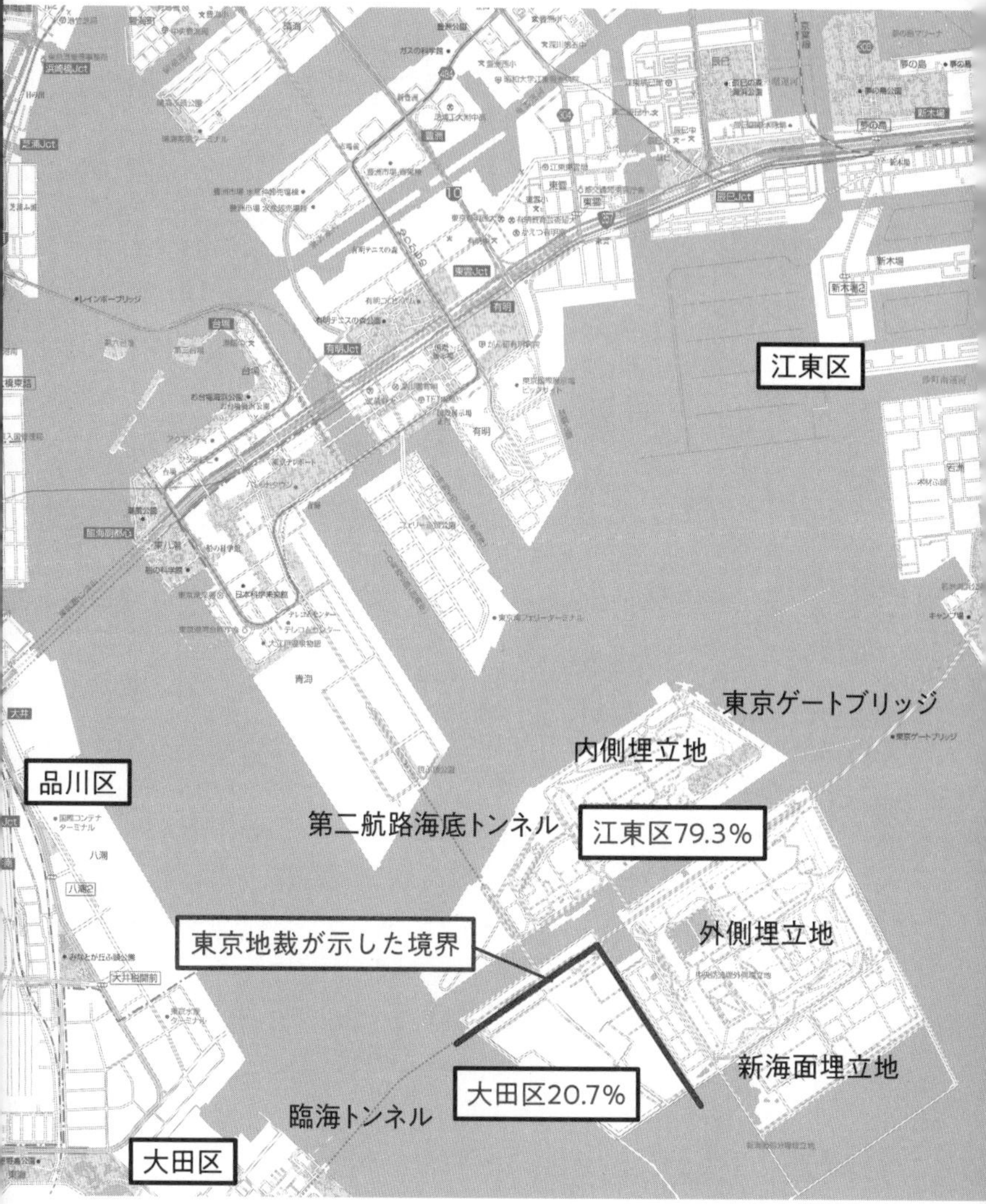

3　二つの公園にはさまれた「境界未定地」

葛飾区の北東端に、埼玉県に隣接した「水元公園」という大きな水郷公園がある。面積は93・4ヘクタール（ha）と上野恩賜公園の2倍近く。東京23区最大の都立公園である。１９５０（昭和25）年に都立江戸川水郷自然公園として開園したのがはじまりで、１９６８（昭和43）年には、明治改元１００年を迎えるにあたり、明治百年事業の一環として本格的に整備された。

園内にはポプラ並木や芝生広場をはじめ、水生植物園、花菖蒲園、バードサンクチュアリ、野外ステージ、バーベキュー広場、少年キャンプ場、冒険広場など、さまざまな施設が整っていて、家族連れにも広く親しまれている緑豊かな都会のオアシスである。四季折々に草花が咲き乱れ、桜と花菖蒲の季節は花見客で特に賑わう。水元公園が水郷情緒にあふれているのは、公園の中央に横たわる「**小合溜**《こあいだめ》」という遊水池の存在が大きい。ここで釣りを楽しむ人も多い。

ところで、この小合溜、東京都と埼玉県の「境界未定地」なのである。

小合溜は、正式には「小合溜井《こあいためい》」と言う。1729（享保14）年、徳川8代将軍徳川吉宗の時代に、江戸を水害から守るための治水事業として古利根川を堰《せ》き止め、灌《かん》漑《がい》用水と遊水池を兼ね備えた溜め池として整備されたものである。小合溜の対岸は埼玉県三郷《みさと》市。つまり、小合溜は葛飾区と三郷市の境界に横たわっているわけだ。小合溜に面して、三郷市側には「埼玉県立みさと公園」という都市公園がある。水元公園と比べると規模は小さいが、自然広場やちびっこ広場、菖蒲田、花木園などを備えた立派な都市公園である。小合溜を挟んで、みさと公園と水元公園が広がっているが、小合溜には橋がひとつも架かっていない。そのため、対岸の公園へ自由に行き来することができないのだ。両公園を一体化して整備すれば、さぞや立派な公園になるのだろうが、小合溜が境界未定地になっているため、勝手に橋を架けることもできないという事情がある。

葛飾区も三郷市も、境界を早く確定させてすっきりさせたいという思いはあるのだろう。けれど、双方の主張が真っ向から対立していて、容易に解決できる問題ではないのだ。葛飾側は、「そもそも、小合溜は水害からこの地域を守るために築造されたもので、これまで葛飾区がこの水域を管理してきた。だから、葛飾区の領域である」と主張している。葛飾区から見ると、小合溜の対岸が防波堤になっていて、そこが都県境だ、というわけである。

対して三郷市側は、河川の境界線が流れの中心であるように、河川を堰き止めて造った公有水面の境界には、「等距離線方式」を採用するべきだとしている。三郷市側と葛飾区側の両岸から等距離の地点を結んだ線が都県境であり、その方法で計測すると該当する地域は三郷市の管轄になる、という主張である。結局、都道67号に架かる葛三橋あたりから、都道54号に架かる天王橋までの4km以上に及ぶ区間は、いまだに東京と埼玉の都県境未定地のままなのである。

1960年頃からたびたび、葛飾区と三郷市の間で境界線を確定するための協議が重ねられてきたが、双方の主張は平行線をたどるばかりで、一向に解決の兆しはない。

都県境未定地（小合溜）

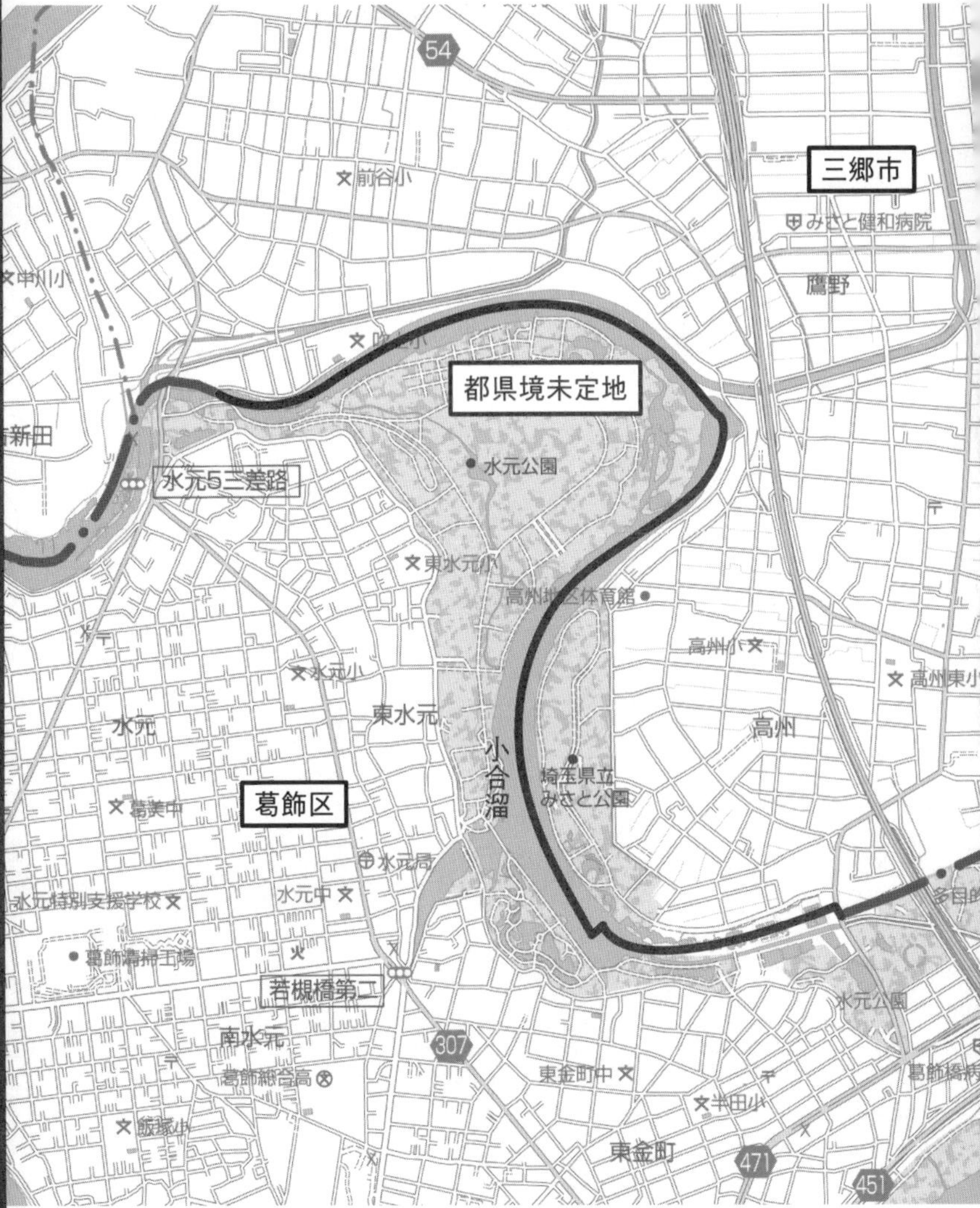
三郷市
都県境未定地
葛飾区
小合溜
前谷小
みさと健和病院
鷹野
水元公園
水元5三差路
東水元小
高州地区体育館
高州小
高州東小
水元小
東水元
水元
高州
埼玉県立
みさと公園
葛美中
水元局
水元特別支援学校
水元中
多目的
葛飾清掃工場
若槻橋第二
水元公園
南水元
葛飾総合高
東金町中
葛飾橋病院
半田小
飯塚小
東金町
54
307
471
451

幸い、小合溜には漁業権も水利権も存在していないので、行政上の支障はなく、最近は特に協議は行われていないようだ。境界が未定だと、地方交付税の算定にも影響するが、暫定的に境界を定めているので、その件に関しても問題はないという。

しかし、水辺の開発計画が浮上してくるようなことがあれば、ふたたび境界線の確定に向けての協議を再開し、早期の決着を図らなければならなくなるだろう。

4 江戸川放水路にある東京と千葉の境界未定地

「江戸川」という河川は、茨城県五霞町と千葉県野田市関宿の境界付近で、利根川から分流して南へ下り、千葉県市川市から東京湾に注ぐ全長59・5㎞の一級河川である。その江戸川が、東京都と千葉県の境界になっている。江戸川も、関東平野を流れるほかの河川と同じように、これまでしばしば氾濫し、下流域に大きな被害をもたらしてきた。そのため1919（大正8）年、江戸川の河口近くに放水路が開削された。江戸川は最下流部で大きく右に向きを変えていたが、それが氾濫の大きな原因になっていた。そこで、江戸川の流路をほぼ直線的に改修し、東京湾に注ぐようにしたのである。これによって、江戸川放水路が江戸川の本流になり、江戸川の河口がそれまでの河口より6㎞余り東へ移動することになった。

江戸川放水路の完成によって水害は激減したが、1938（昭和13）年の集中豪雨では、6万戸以上もの家屋が浸水するという大きな被害に見舞われた。その対策として、1943（昭和18）年、江戸川放水路と旧流路との分岐点近くに、旧江戸川の流れを仕切る「江戸川水門」が建設されることになった。ところが、この江戸川水門が建設されたことによって、今度は旧江戸川の流れが変わってしまったのである。これが発端となり、江戸川区と市川市との間で境界問題が発生することになった。ちなみに、1965（昭和40）年からは、河川法が改正されて江戸川放水路が正式な「江戸川」になり、江戸川放水路が開削されるまで本流だった江戸川は、「旧江戸川」と呼ばれるようになった。

それはさておき、江戸川水門の建設は思わぬ事態を招くことになった。江戸川の水流で河岸が侵食されたり、中洲が形成されたりして、旧江戸川の流路がやや西寄りになってしまったのである。そのため、江戸川区と市川市の境界線が陸地の上を通ることになった。古来、東京と千葉の境界は「江戸川が流れる中心の線」ということになっていた。双方ともこれに異論はなかったが、旧江戸川の流れが変化したため、江戸

東京都と千葉の境界未定地

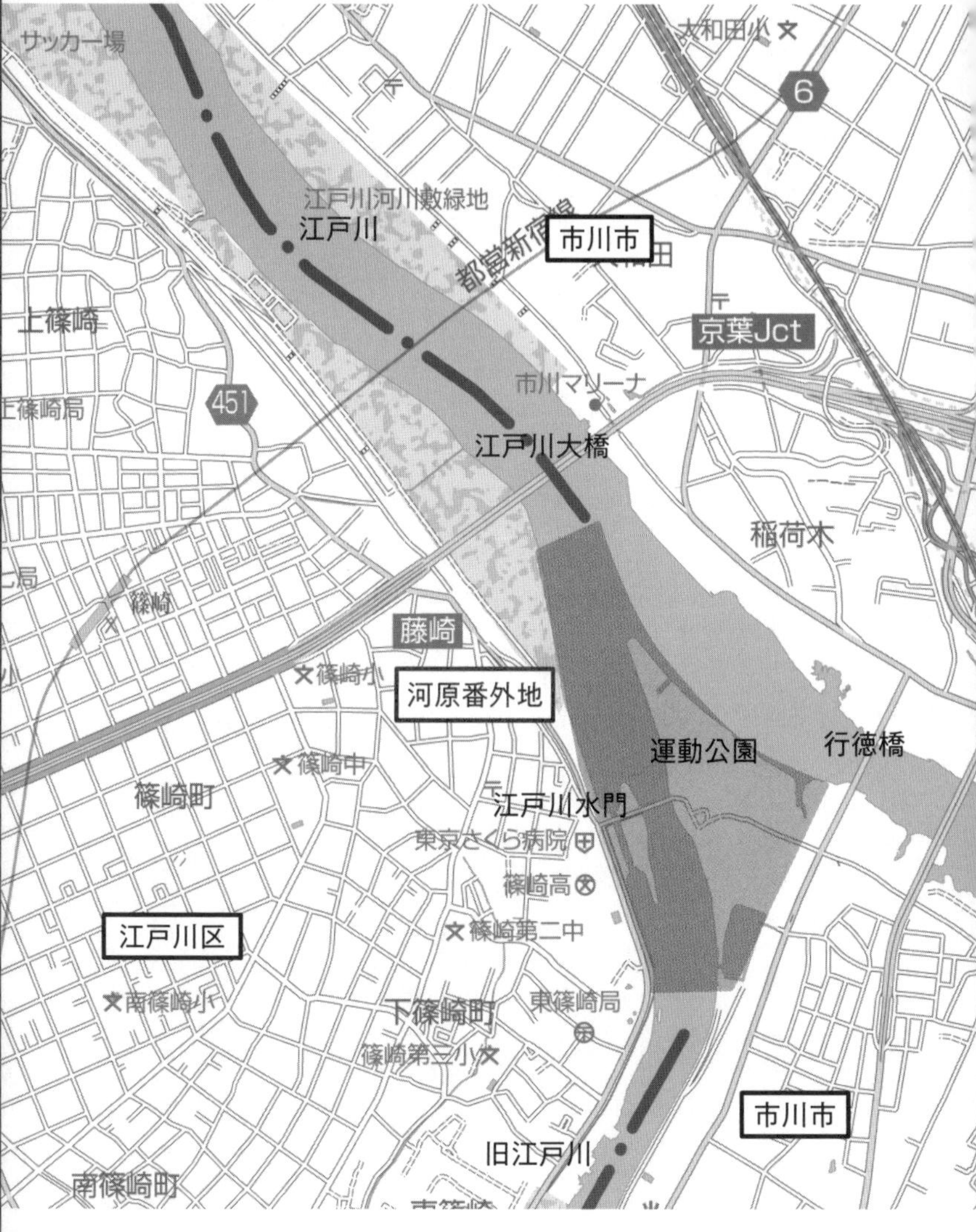
サッカー場
大和田小
6
江戸川河川敷緑地
江戸川
都営新宿線
市川市
京葉Jct
上篠崎
市川マリーナ
451
上篠崎局
江戸川大橋
稲荷木
篠崎
藤崎
篠崎小
河原番外地
運動公園
行徳橋
篠崎中
篠崎町
江戸川水門
東京さくら病院
篠崎高
篠崎第二中
江戸川区
南篠崎小
東篠崎局
下篠崎町
篠崎第三小
市川市
旧江戸川
南篠崎町

川区と市川市の境界線が曖昧になってしまった。そこで、江戸川放水路が開削される以前の、旧江戸川の流路の中心線が境界線だと主張する江戸川区と、あくまでも現在の旧江戸川の流れの中心線こそが境界だとする市川市が、真っ向から対立することになったのである。

江戸川区側の主張を受け入れると、旧江戸川対岸の新しく形成された中洲に、江戸川区の飛び地が生じることになる。市川市の言い分を受け入れれば、現在の旧江戸川の流れの中心線が市川市と江戸川区の境界線になり、中洲はそっくり市川市の領域というこになる。江戸川区の領域が狭くなるのは明らかである。江戸川区側にしてみれば、市川市側の主張は到底容認できない。市川市側にしてみても、新しく形成された中洲は市川市と地続きになっており、そこに江戸川区の飛び地が存在することには納得がいかないのだろう。

江戸川と旧江戸川の分岐点に形成された新しい中洲は「**河原番外地**」と呼ばれ、現在、境界未定地になっている。国土地理院の地形図を見ると、江戸川と旧江戸川の分岐点から少し上流の、京葉道路あたりから下流の境界線が途切れており、旧江戸川に入って数百メートルほどの箇所から、ふたたび江戸川区と市川市の境界線が河口に向かって、流れの中心に線が引かれている。

河原番外地は境界が未定のため、勝手に開発するわけにもいかない。現在、河原番外地には「国土交通省江戸川河川事務所江戸川河口出張所」と野球のグランドがあるだけだが、河川事務所の住所は「江戸川区東篠崎」になっている。一方の市川市は、野球グランドの住所を「市川市河原番外地」としている。このまま境界が未定だと、火災が発生した場合や、犯罪が起きたとき、ゴミ処理問題が起こった際などに管轄が曖昧になり、トラブルが発生することが懸念される。そこで、境界線を早期に確定させようという動きもあったが、話し合いは平行線をたどり、いまだに解決のメドは立っていない。だが、両地域の関係は表面的には至って良好である。どうやら水面下で帰属をめぐる綱引きが行われているようだ。

5 江戸川区と浦安市の境界は「39年合意線」？

東京23区の最東端に位置する江戸川区は、東側は江戸川と旧江戸川を挟んで千葉県（市川市および浦安市）に隣接、西側は荒川を挟んで江東区に接している。江戸川区と市川市との間に境界未定地があることは前項で紹介した通りだが、旧江戸川の河口部にも、浦安市との間に境界未定地が存在している。

浦安市は戦前まで、海苔や貝類の養殖が盛んな小さな漁村に過ぎなかったが、１９６０年代に入って東京湾岸が埋め立てられると、東京のベッドタウンとして目覚ましい発展を遂げた。特に、１９８３（昭和58）年4月に東京ディズニーランドが開園してからは、東京近郊のリゾート地として注目されるようになった。市域の70％以上が高度成長期以降に造成された埋立地で、東京ディズニーリゾート（東京ディズニーランド&東京ディズニーシー）は埋立地に建設された日本最大のテーマパークである。

東京湾沿岸の江戸川区側には、「葛西臨海公園」という大きな公園がある。水族館や大観覧車などが整った大規模なレジャー施設で、面積は80・6ヘクタール（ha）と、東京23区では水元公園に次いで2番目に大きな都立公園である。葛西臨海公園も埋立地に建設されたものである。開園されたのが1989（平成元）年6月というから、東京ディズニーランドよりさらに歴史は新しい。

また、葛西臨海公園の沖合には、「東なぎさ」「西なぎさ」というふたつの水域からなる「葛西海浜公園」という海上公園もある。葛西臨海公園と葛西海浜公園は渚桟橋で結ばれている。

高度成長期に入るまでは、東京ディズニーランドや葛西臨海公園のある場所は海だったというわけだ。その東京ディズニーリゾートと葛西臨海公園の間の海域が、実は境界未定地になっているのだ。旧江戸川の河口付近の海が埋め立てられて、海岸線が変わってしまったために発生した、極めて新しい境界未定地である。

葛西臨海公園と東京ディズニーリゾートの北側を、首都高速湾岸線と京葉線が通っているが、旧江戸川に架かっている舞浜大橋付近から下流の境界が確定していない。それればかりか、東京湾上の境界も決まっていない。普通は海の上に境界線は引かれていないが、東京湾にはそういうわけにはいかない事情がある。東京湾上の江戸川区と浦安市との境界を確定させる協議がはじまったのは、旧江戸川の河口周辺の埋立て計画が具体化してきた1960年代に入ってからのことである。

夢の島や若洲など、東京湾の沿岸がどんどん埋め立てられていったことにより、船の検疫を行なう場所を確保することが難しくなってきた。そこで、行政上の境界線の確定はともかく、港湾を管理するための境界を早期に定める必要があるとして、1964（昭和39）年、東京都と千葉県の間で港湾の管理の境界に関する問題が合意に達した。それによると、旧江戸川の河口から川の流れに沿って南西方向に伸ばした線を港湾の管理の境界線とするというものである。これが「**39年合意線**」と呼ばれる、港湾管理のための境界線である。

しかし、1978（昭和53）年頃から、東京湾の海底に敷設されている東京ガスの

江戸川区と浦安市の境界未定地

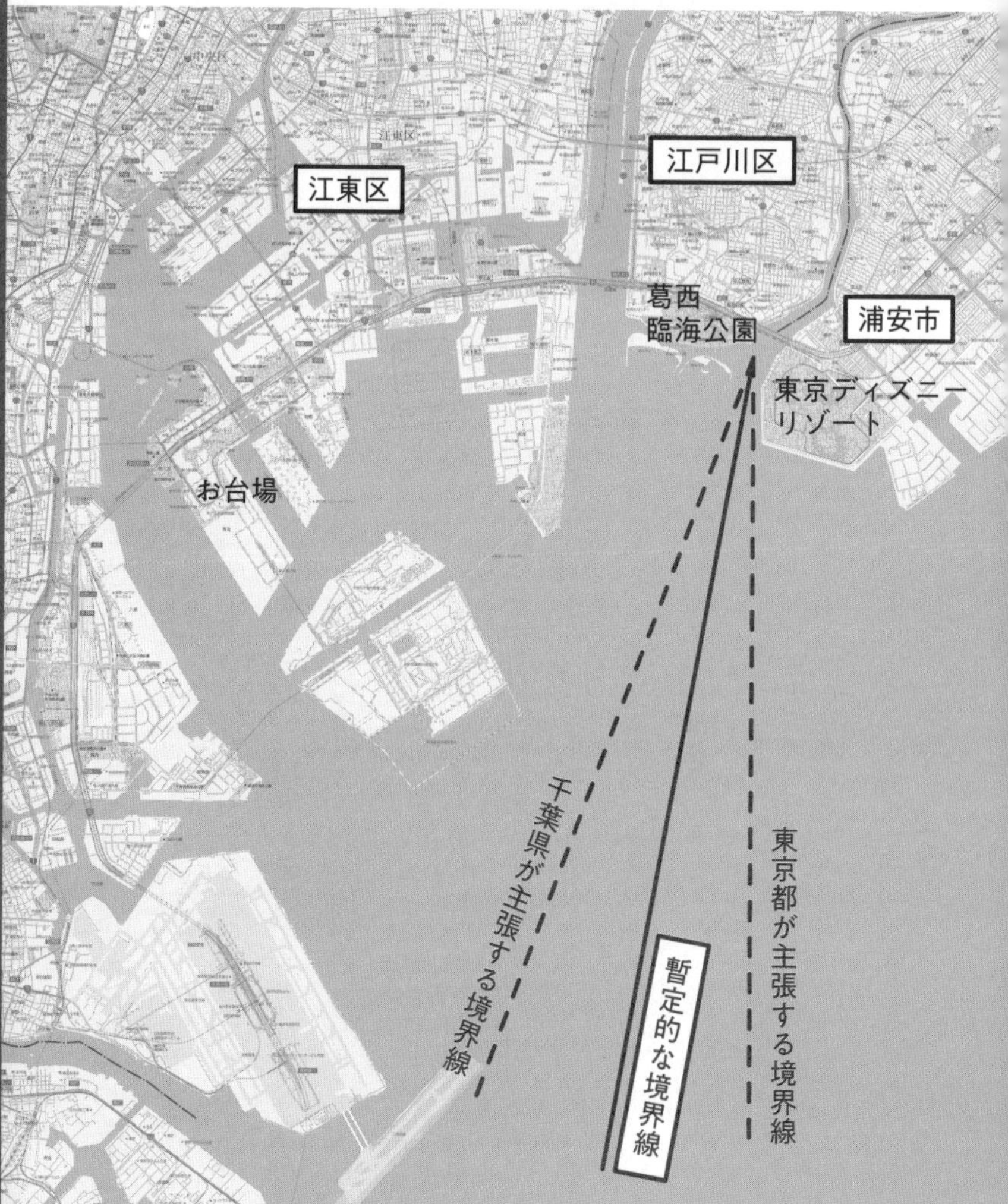

パイプラインの課税をめぐり、行政上の境界線がクローズアップされることになった。千葉県側は、39年合意線を都県境にすべきだと主張。それに対して、東京都側は39年合意線ではなく、旧江戸川の河口からまっすぐ南に下ろした線を都県境だと主張。両者は一歩も譲らず、互いに持論を展開するばかりで境界が確定する見通しはなかった。そのため1983（昭和58）年、自治省（現・総務省）は双方の言い分を聞き入れ、両者が主張する境界線の真ん中を暫定的な境界線とする、という裁定を下した。一時的な境界線であり、正式ではないはずの境界線が、なぜか30年以上経った現在も続いている。どこに境界線を引くかで、固定資産税などの税収が大きく変わってくる。そのため、双方とも安易に妥協することはできず、いまだに膠着状態となっているのである。果たしてこの争いが決着するのはいつのことになるのだろうか。

6

羽田空港にある境界未定地

東京湾岸では、今後も埋立地が造成される可能性は高いだろう。そう考えると、東京湾上のどこに東京都と千葉県の境界線を引くかは、無関心ではいられない重要な問題である。利害に大きく影響してくるだけに、東京都も千葉県も安易に妥協するわけにはいかないのである。

前項で紹介した「39年合意線」に関して言えば、もし千葉県側の主張が通り、それが正式な行政上の境界線になった場合、その影響は**羽田空港（東京国際空港）**にも及ぶことがわかっている。

羽田空港では、２００７（平成19）年からＤ滑走路の拡張工事がはじまり、２０１０（平成22）年10月に供用が開始された。その結果、東京都（大田区）と千葉県（浦安市）の境界問題が再浮上することになったのである。というのも、Ｄ滑走路が39年合意線ギリギリのところに建設されたからだ。羽田空港の地上の構築物は、39年合意線の東京都側の海域にとどまっているが、海面下の構築物が千葉県の主張する39年合意線をはみ出している。当時は、双方が確認書を交わすことで境界紛争には至らずに済んでいる。だが、この先どのような事態が発生するかわからない。

羽田空港の需要が高まれば、飛行機が増便されるのは自然なことである。となると、いずれはD滑走路を拡張する必要も生じてくる。現在、D滑走路の長さは2500mだが、いずれはC滑走路と同じ3360m、あるいはA滑走路と同じ3000mに拡張する可能性も出てくるだろう。するとどうなるだろうか？　滑走路が39年合意線をはみ出すことが考えられるのである。もし今後、39年合意線が東京都と千葉県間の正式な行政上の境界線にでもなることがあれば、羽田空港のD滑走路の中に千葉県の飛び地が生じることもおおいにあり得る。東京都にしてみれば、それは何としても阻止したいところではないだろうか。かといって、千葉県側がおいそれと東京都側の主張を受け入れるとも思えない。

東京湾上の境界線が、どこに引かれることになるのか。この先も、この問題はくすぶり続けることになりそうだ。

7
荒川の河口に発生した境界未定地

東京23区の最東端に位置する江戸川区は、東側を流れる江戸川および旧江戸川と、西側を流れる荒川および中川に挟まれ、南側は東京湾に面している。その江戸川区には境界未定地が3カ所ある。先に紹介した江戸川と旧江戸川の分岐点（第三章4項参照）と旧江戸川の河口（第三章5項参照）、そしてもう1カ所が、西側の江東区との境界を流れる荒川および中川の河口付近にある。この3カ所はいずれも、近年になって発生した境界未定地である。

荒川は全長173kmの一級河川で、山梨、埼玉、長野の3県境にそびえる甲武信ヶ岳を発して埼玉県内を貫流し、東京湾に注いでいる。一方の中川も、同じく一級河川で全長は83・7km。埼玉県羽生市で利根川から分流して関東平野を貫流し、葛飾区の南部で荒川と並流する。河口付近で荒川に合流し、東京湾に注ぐ。荒川の下流と中川の間は背割堤になっており、その上を首都高速中央環状線が走っている。清砂大橋から600mほど下流の、荒川と中川の**背割堤**《せわりてい》の南端が、荒川の「0km地点」になっており、かつてはそこまでが荒川だった。しかし、1970年代に入って進められた沿岸部の埋立てにより、荒川が東京湾に向かって南に2km余り延びたのである。それは、1972（昭和47）年からはじまった葛西沖開発事業によってである。江戸川区の東京湾岸が埋め立てられ、4・4㎢もの広大な土地が造成された。ちなみに、葛西臨海公園をはじめ、荒川左岸に開けている清新町や臨海町もこの葛西沖開発事業によって誕生している。江東区若洲3丁目の、南に尖った先端までが荒川になったのである。若洲と中央防波堤外側埋立地に架かる東京ゲートブリッジとは、目と鼻の先にある。この埋立てで荒川の河岸線が変わったため、荒川河口に広大な境界未定地が発生することになった。JR京葉線も首都高速湾岸線も湾岸道路も、境界未定地を通っている。

荒川と中川が合流する地点、すなわち荒川と中川の間にある背割堤が途切れる地点から下流にかけては、荒川の幅が一気に広くなっている。しかし、河川の管理上、両

荒川河口の境界未定地

清砂大橋
首都高速
中央環状線
江東区
清新町
江戸川区
臨海町
湾岸道路
葛西
臨海公園
東京ディズニー
リゾート
江東区が主張している境界線
江戸川区が主張している境界線
若洲
海浜公園
東京ゲート
ブリッジ
境界未定地

河川の合流地点から下流にかけては、荒川と中川のふたつの河川として数えられている。両河川の間には、目には見えない堤防が存在しているのである。

江東区側は、「両河川が合流した後は、全水域が荒川である。したがって、江東区と江戸川区の区境は、合流後の荒川の中間線になる」と主張している。それに対して、江戸川区側は、「両河川が合流してからも、荒川と中川はそれぞれ別個で東京湾に注いでいる。したがって、区境は両河川が合流する前の、荒川の中間線を延長したラインである」という主張である。

境界が未定でも、どちらの区にも利害が発生しているわけではないし、差し迫った問題もない。このため、江戸川区と江東区の間では表立った争いはなく、境界確定に向けた話し合いも特に行われていないようだ。だが将来、利害がともなう事態が発生するようなことになれば、即座に境界を確定する必要に迫られるだろう。

東京湾岸では、埋立て事業などによって、今後新たに境界未定地が発生する可能性が十分に考えられる。

8 銀座の超高級境界未定地とは？

日本の代表的な繁華街として有名な**銀座**にも、境界未定地がある。東京のど真ん中、しかも日本一地価が高いことでも知られる超一等地の銀座に、境界未定地があるというのはどういうことだろう。

銀座は中央区に位置し、西側は千代田区、南側は港区に隣接している。そして、銀座のある中央区と、この千代田区、港区との境界が未定なのである。昔から境界が未定だったわけではなく、戦後復興の埋立てによってこのような事態が生じた。比較的新しい境界未定地である。戦前まで、銀座に境界未定地があるという認識はまったくなかった。

時代を遡れば、徳川家康が江戸に居城を構える前までは、現在の銀座の半分以上は海だった。当時、東京湾に「江戸前島」という小さな半島が突き出していたが、銀座はその半島の先端部に位置していた。家康がまず手掛けたのは、東京湾岸の埋立てと、物資の輸送路として不可欠な運河の開削だった。その際、銀座の周辺にも幾筋もの運河や水路が開削された。銀座の西側は江戸城の外濠（外濠川）である。北側には京橋川、東側には三十間堀川《さんじっけんぼりかわ》、南側には汐留川が流れていた。つまり、銀座は濠や水路に囲まれていたのである。そのため、銀座からはどこへ行くにもこれらの水域を越えなければならなかった。銀座は島のような地形だったのである。

中央区は1947（昭和22）年、日本橋区と京橋区が統合して発足した区である。銀座は統合前は京橋区に属していた。京橋区の銀座と麹町区（現・千代田区）との境界は外濠川、京橋区と芝区（現・港区）との境界が汐留川だった。河川が各自治体の境界になっている場合、一般的にはその流れの中心が境界線だと考えられている。したがって、京橋、麹町、芝の3区は、外濠川および汐留川の流れの中心が区境だという認識で一致していた。利害がともなうわけではなかったので、当時は測量して厳密に

銀座の境界未定地

境界未定地
千代田区
中央区
銀座インズ
西銀座デパート
銀座ファイブ
銀座コリドー街
銀座ナイン
皇居
江戸城跡
宮内庁内局
新宮殿
皇居外苑
二重橋前
二重橋
丸の内
東京
東京中央局
東京国際
フォーラム
丸の内署
有楽町
日比谷
日比谷公園
検察庁
厚生労働省
内幸町
西新橋
新橋
新橋四局
東新橋
汐留
汐留Jct
浜離宮
中央築地局
中央卸売市場
築地市場
築地
国立がん
研究センター
中央病院
中央築地六局
隅田川
築地本願寺
明石町
明石小
聖路加国際
新富町
新富
京橋税務署
中央区役所
築地署
歌舞伎座
東銀座
京橋築地小
京橋局
京橋署銀座
泰明小
銀座
銀座中
築地市場
八重洲
京橋
城東小
宝町
八丁堀
入船
中央小
日本橋
日本橋局
阪本小
404
408
15
C1
Y

区境を確定させることは特に行なわなかったようである。
しかし、戦後それらの水域が埋め立てられることになると、状況が大きく変わった。第二次世界大戦で壊滅的な被害を受けた東京は、戦後たくましく復興していくが、街のあちこちにうず高く積まれていた瓦礫や残土などを遠くへ運搬するのは容易なことではない。手っ取り早く済ませるために、それらを近くの水路や濠などに投げ捨てたのである。銀座の周囲を流れる外濠川や汐留川も例外ではなかった。水域が瓦礫などで埋め立てられ、やがて対岸と陸続きになった。ここではじめて、境界を明確にする必要が出てきたのだ。だが、そこには別段構築物があるわけではなかったので、境界線が取り立てて問題になることはなかった。

昭和30年代の後半になると、東京オリンピックに備えて埋立地の上に高速道路がつくられることになった。中央区と千代田区、および中央区と港区の境界上にもそれらが建設された。境界未定地は八重洲1丁目から銀座8丁目を通り、浜離宮庭園までの約3・5㎞だが、その上に首都高速八重洲線と東京高速道路が走ることとなったのである。しかし、高速道路が完成した時点でも、区境が大きな問題になることはなかった。

高速道路下の帰属問題が表面化してきたのは、高架下に商店街が形成されるようになってからのことである。区境については当時、区議会で盛んに議論されたが、解決策を見出すことはできなかった。結局、いまだに区境は未定のままである。

どこを区境にするかで、各区が得られる税収には大きな違いが出てくる。利害が絡んでくる問題だけに、どの区も安易に妥協するわけにはいかないのである。現在、高架下には銀座インズ、西銀座デパート、銀座ファイブ、銀座コリドー街、銀座ナインなどの商業施設が連なっている。境界未定地にある施設なので正式な住所はない。たとえば、銀座ナインの住所は「中央区銀座8－7先」になっているが、これはあくまでも便宜的なもので、「銀座8丁目7番地の先にある」という意味である。同じように、西銀座デパートの住所は「中央区銀座4－1先」だが、これも正式な住所ではない。

幸い、高架下に居住者はいないので、住民税や区の人口には影響は出ていないようだ。事業税や固定資産税なども、東京都の管轄なので特に支障はない。しかし、たとえば、犯罪や火災が発生した場合に中央区、千代田区、港区のどこが管轄するのかといった問題はある。現在は、中央区と千代田区、港区で話し合い、互いに協力し合いながら、その都度事に当たっているため、区境が未定でも特に大きなトラブルには至っていないようだ。

とは言え、いずれは解決しなければならない問題である。銀座という資産価値の高い地域だけに、区境を確定するのは容易ではなさそうである。

9 東京35区で最小「滝野川区」誕生秘話

前章でも紹介したように、１８８９（明治22）年に施行された市制町村制で15区からなる東京市が成立した。その東京市が１９３２（昭和７）年、隣接する５郡82町村を編入して20区を新設し、35区からなる大東京市が誕生した。しかし、ここに至るまでの道のりは決して平たんなものではなかった。５郡82町村をいくつの区に再編するかが最大の課題だったが、試行錯誤した末、最終的に20の区に分けたのだった。

各区の人口は、旧15区の人口を基準に算出されたが、人口分布には著しい地域差があった。そのため、各区の面積に大きな隔たりが生じた。区境をどこに引くかという問題も、それこそ紆余曲折を繰り返しながら、合併する町村の枠組みを確定させたのである。

82町村を20等分すれば、だいたい4町村につき、ひとつの区を編成することになるが、それ以外に人口規模や地理的、地域的なつながりも考慮する必要があった。その結果、足立区（千住町、西新井町、江北村、舎人村、伊興村、渕江村、梅島村、綾瀬村、花畑村、東渕江村の10町村）や、板橋区（板橋町、練馬町、上板橋村、志村、赤塚村、上練馬村、中新井村、石神井村、大泉村の9町村）などのように、多くの町村が合併して発足した区もあれば、滝野川区や荏原区のように、1町が単独でひとつの区を編成したケースもある。

特に**滝野川区**（現在の北区南部地区）は面積はわずか4・0㎢。当時の板橋区（80・3㎢）の20分の1以下、千代田区の3分の1の広さだった。にもかかわらず、滝野川町の1町だけでひとつの区を発足させたのである。新設された20区の中では、面積がもっとも狭かった。しかし、人口は約13万人、人口密度は1㎢当たり3・2万人余りと、現在の東京23区の人口密度（約1・5万人）の2倍以上という過密ぶりであった。

滝野川町は1889年の町村制施行で滝野川村として発足し、1913（大正2）年に町に昇格した。その滝野川町が、東京市に編入される際に単独で滝野川区として発足したわけだが、ここに至るまでには一波乱もふた波乱もあった。

当初は滝野川町と巣鴨町、日暮里町の3町が合併してひとつの区を編成するという

東京35区で最小だった滝野川区

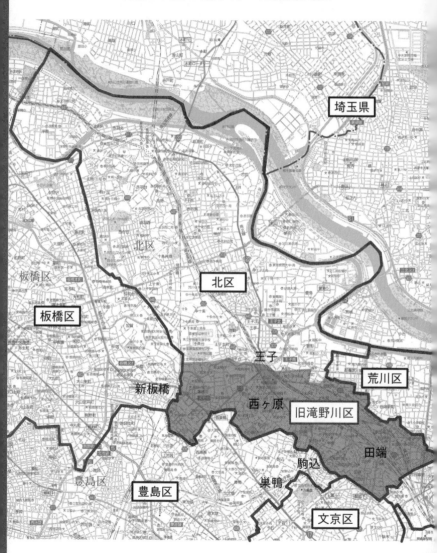

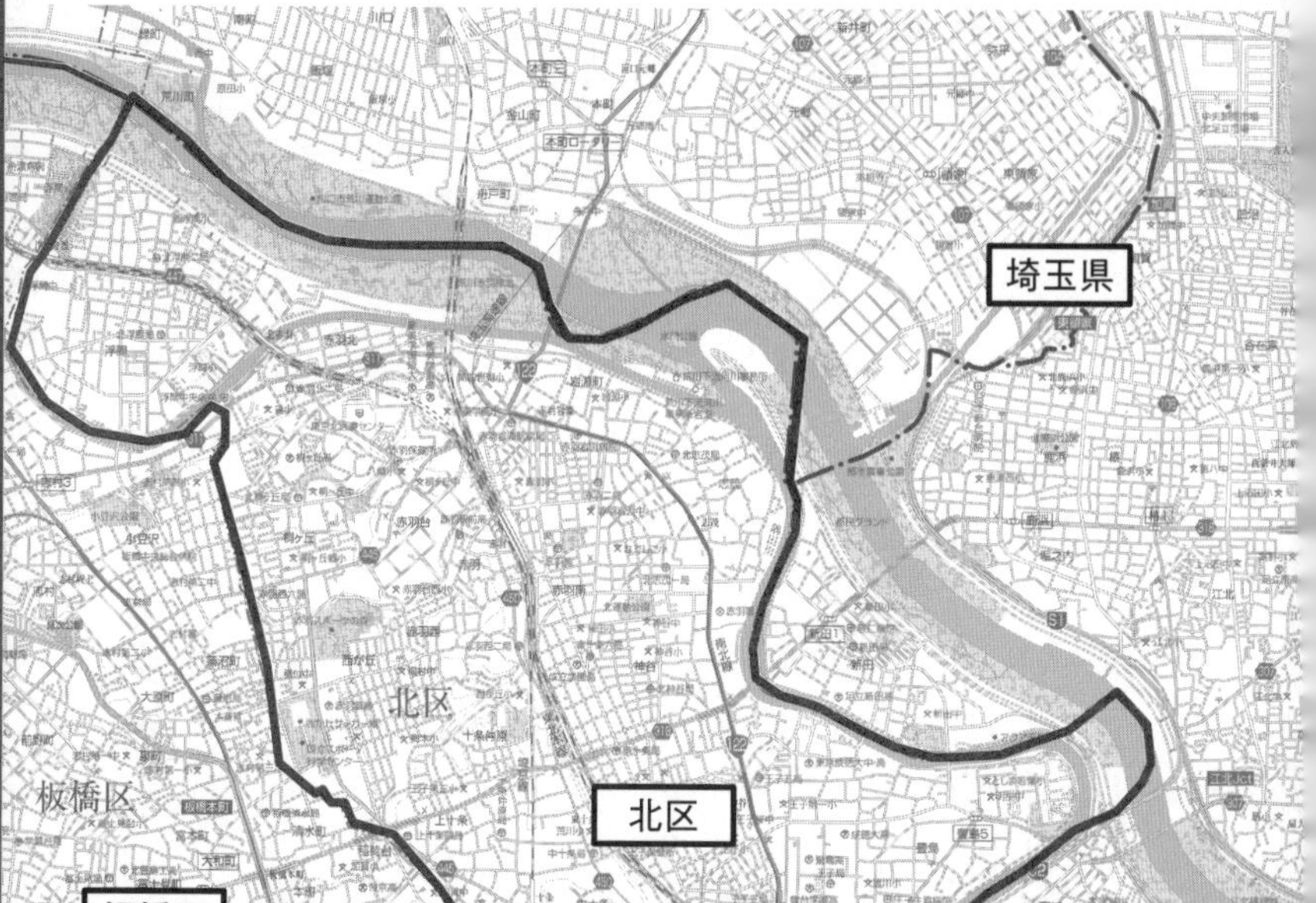

案が有力視されていた。面積や人口規模から見ても、この3町でひとつの区を編成するのが妥当だと考えられたからである。だが、地域的なつながりやしがらみ、住民感情などが複雑で、原案通りに事は進まなかった。

巣鴨町では、滝野川町より西巣鴨町との合併を望む住民の方が多かった。また、日暮里町でも滝野川町との合併には否定的で、南に隣接する下谷区との合併を望む声のほうが優勢だったのである。というのも、日暮里町は区部と変わりないほど都市化が進んでいたし、郵便や電話なども下谷区の管轄になっていたからだ。日暮里町から下谷区の小学校に通う児童も多く、日常生活においても日暮里町と下谷区は極めて親密な関係にあった。

滝野川町と岩渕町、王子町の3町でひとつの区を発足させる案も持ち上がっていたが、滝野川町はこの案には反対の立場をとった。滝野川町にしてみれば、都心から離れた農村色の濃い町との合併は受け入れ難かったのだろう。巣鴨町や日暮里町との合併が受け入れられないのであれば、滝野川町が単独で区制を敷くべきだとして、荏原町とともに一町一区運動が展開された。結果、それが認められることとなり、滝野川町が単独で滝野川区として発足したのである。

現在の北区の南部を占める滝野川、西ヶ原、栄町、昭和町、中里、上中里、田端、東田端、田端新町が滝野川区のほぼ全範囲である。しかし、滝野川区も15年後には消え去る運命にあった。

第二次世界大戦で東京は壊滅的な被害を受けたため、１９４７（昭和22）年、東京35区は23区に統合された。滝野川区も戦争の被害が大きく、人口が激減した区のひとつであった。戦争前には13万人以上あった区の人口も、戦災により3・6万人余りになってしまった。そのため、単独で行政を運営していくことが困難になり、滝野川区は王子区と合併して、北区として発足することになったのである。

その王子区は、20区が新設された際に、王子町と岩渕町が統合して成立した。皮肉にも、滝野川町がもっとも難色を示していた枠組みでの合併になったのである。北区は人口（34・1万人、２０１５年）、面積（20・6㎢）ともに、東京23区で第11位にランキング入りしている。

このように、新設された20区で合併する町村の枠組みをめぐって、東京府と東京市の案と地域住民の思惑がぶつかり合い、確定するまでに二転三転したのは、何も滝野川区ばかりではなかった。それらについては、次項でご紹介したい。

10

狛江市のマンションに世田谷区民が住む!?

河川や道路、あるいは鉄道の線路などが区境になっていれば分かりやすく、境界をめぐる争いが発生することも少ないだろう。しかし、区境が住宅街の中を通り、しかも境界線をまたいで建造物が建っている場合、何かと問題も多い。ましてや、その建造物に居住者がいるとなれば尚更のことである。

かつて、境界線上に建設されたマンションの帰属をめぐって、激しい争奪戦が展開されたことがある。その舞台になったのが、小田急小田原線の喜多見駅から北へ1キロほど行ったところに建つマンションである。ちなみに、喜多見駅も**世田谷区**と**狛江市**の境界線上に建っている。駅舎の3分の2ほどは世田谷区に位置し、駅事務所も世田谷区に存在するので、喜多見駅の住所は世田谷区になっている。居住者がいるわけではないので、駅の帰属をめぐる争いが発生する要素はないが、多くの人が居住するマンションとなると話は別である。

世田谷区の西端を、国分寺市を水源とする「野川」という多摩川水系の河川が流れている。野川は東京急行の二子玉川駅近くで、多摩川に合流する全長20・5㎞の一級河川である。その野川の川辺に広がる緑地の近くに、8棟からなるマンションが建っている。2003（平成15）年に竣工した高級マンションだが、8棟のうち6棟が世田谷区側にあり、2棟が狛江市に建っているというから厄介なのだ。このマンションが普通の住宅地に建立しているのであれば、特に大きな問題に発展することはなかっただろう。けれど、世田谷区側が「成城」という高級住宅地として全国的に有名な土地だったため、マンションの帰属をめぐる争いが発生することになった。

厳密に言えば、マンションは世田谷区、狛江市、調布市という3つの自治体にまたがっている。だが、調布市は敷地の一部がかかっているだけだったので、帰属をめぐる争いに加わることはなかった。このマンションを開発した不動産会社は、世田谷区成城にあるマンションとして売り出したかったようだ。それもそのはず、「世田谷区成城」と「狛江市東野川」とでは、ブランド力には圧倒的な差があるからだ。当然のことながら、資産価値にも大きな違いが出てくる。同じマンションでも、「成城」という名がつくだけで高く売れるというわけだ。そのため、開発業者はマンションの住居表示の申請を世田谷区に提出した。それに狛江市が「待った」をかけたのである。

マンションの所在地が世田谷区になれば、マンションの居住者は世田谷区に住民税を納付することになる。マンション2棟で70戸。住民税は年間約5千万円にも上る。狛江市にしてみたら、その分の税収を失うことになるのだから、黙って見過ごすことはできないだろう。狛江市は世田谷区に猛然と抗議し、マンションの争奪戦へと発展することとなった。

狛江市と世田谷区の両者の主張は真っ向から対立し、泥沼化の様相を呈した。その収拾策として浮上してきたのが、住民税が世田谷区に入る見返りとして、狛江市と世田谷区にまたがるマンション周辺の緑地などの管理は世田谷区が行い、開発業者もマンションが建っている地区の街づくりに協力するという案である。最終的には両者がこの条件を飲み、世田谷区と狛江市は合意した。これによって、マンション全体の住居表示は「世田谷区成城」に、マンション名にも「成城」の地名が使われている。

厳密に言うと、マンション8棟のうち2棟の住人は、狛江市の土地に住む世田谷区民ということになる。

11 政令指定都市「世田谷市」が誕生していたかも

現在、東京23区で面積がもっとも広いのは大田区（60・8㎢）である。だが、1990年代頃までは**世田谷区**（58・1㎢）のほうが広かった。なぜそのような逆転現象が起きたのだろうか？

大田区は東京湾に面している。羽田空港や臨海部が埋め立てられたことにより、大田区の面積が拡大したのである。人口については、1970（昭和45）年以来、世田谷区が大田区を抜いて23区中第1位を保っている。

1980年代の後半に、その世田谷区が23特別区から離脱しようとする動きがあった。世田谷区が「政令指定都市」を目指したのである。その背景には、世田谷区が都区財政調整制度に不満を持っていたことがある。23特別区は、一般の市町村と同じように、住民にもっとも身近な基礎的自治体のはずである。区長や区議会議員も、選挙で選ばれている。区長は市長が任命し、区議会も設置されていない政令指定都市の行政区とは根本的に異なっているのだ。したがって、23区は財政や事務処理など、一般の市町村と同じ権限が与えられていてしかるべきなのだが、世田谷区はあくまでも23特別区のひとつとして、都の内部団体の扱いである。つまり、世田谷区の財源はすべて都の管理下にあるといっても過言ではなかった。

本来は市町村の財源になるはずの市町村税を、23区の場合は都税として徴収し、このうち固定資産税、市町村民税法人分、特別土地保有税の「調整3税」のうちの55％を23区の財源としている。残りの45％の税は、財政状況に応じて「財政調整交付金」として各区に振り分けられるというシステムになっている。税収が多い区には財政調整交付金は支払われない。助け合いの精神というか、23区をひとつの自治体として運営していくための制度である。財政が豊かな世田谷区は、その制度による税の負担と配分に不公平感を強く感じていたのだ。

そのため、１９８０年代の後半になって、区長が世田谷区の独立を宣言するという出来事があった。都区財政調整制度など行政の不合理さを区民に説明し、世田谷区の独立を訴えたのである。この主張が区民の共感を呼び、一時は本当に世田谷区が23特別区から離脱するのではないかと思えるほどの盛り上がりを見せた。世田谷区は確かに人口面だけで見れば、政令指定都市になるための要件を充分に備えている。現在の人口は90・0万人と地方の大都市をしのぐ規模である。政令指定都市の堺市（83・4万人）、新潟市（80・4万人）、浜松市（79・6万人）、熊本市（74・0万人）、相模原市（72・2万人）、岡山市（72・1万人）、静岡市（69・9万人）の7都市は、世田谷区より人口が少ない。県と比較しても世田谷区は、福井（78・7万人）、山梨（83・5万人）、鳥取（57・4万人）、島根（69・4万人）、徳島（75・6万人）、高知（72・8万人）、佐賀（83・3万人）の7県の人口をも上回っているのだ（２０１５年国勢調査）。

世田谷区が都の内部団体からの独立を考えるのも無理はない。もし政令指定都市になれば、都道府県の権限の多くが委譲され、府県並みの行財政権が与えられるからだ。しかし、権限の多くを奪われてしまう東京都がこれを認めるはずはない。最終的には、国の裁量にゆだねられることになるので、実際には実現性は低い構想だと言えよう。とはいうものの世論は無視できない。

世田谷区の一連の動きが影響したのか、2000（平成12）年に行われた地方分権改革により、23特別区は都の内部団体としての地位から脱却し、一般の市町村と同じ基礎的自治体として規定されることになった。これにより、市町村と比べると財源や事務などについては、与えられる権限がまだ限定的ではあるが、23区は都からある程度の独立性が認められるようになった。そのため、世田谷区が23特別区から離脱し、独立を訴える機運は次第に萎んでいった。

第四章

地図・地名から東京を知る

地名にはさまざまな「いわれ」や「由来」がある。

それらを知るにつれ、その場所に親しみを覚え、もっと好きになることも多いのではないだろうか。

本章では、23区の地名の謎や名前の不思議についてご紹介していきたい。

1 区名今昔—残った区名、消えた区名

前章でも触れたが、1889(明治22)年に施行された市制町村制により、15区からなる「東京市」が発足した。それから43年後の1932(昭和7)年、周辺の5郡82町村を編入し、それらを細分化して20区を新設、先の15区と合わせて35区からなる「大東京市」が誕生した。けれど、戦後の1947(昭和22)年、35区あった大東京市は22区(後に23区)に統合された。その結果、多くの区名が消滅することになった(第一章5〜9項参照)。

35区当時の区名が現在も存続しているのは、品川、目黒、世田谷、渋谷、中野、杉並、豊島、荒川、板橋、足立、葛飾、江戸川の12区だけ。残りの23の区名は消えてしまったのである。消滅した区名は、いずれもこの地域に古くから伝わる伝統的な地名

消滅した東京35区の区名

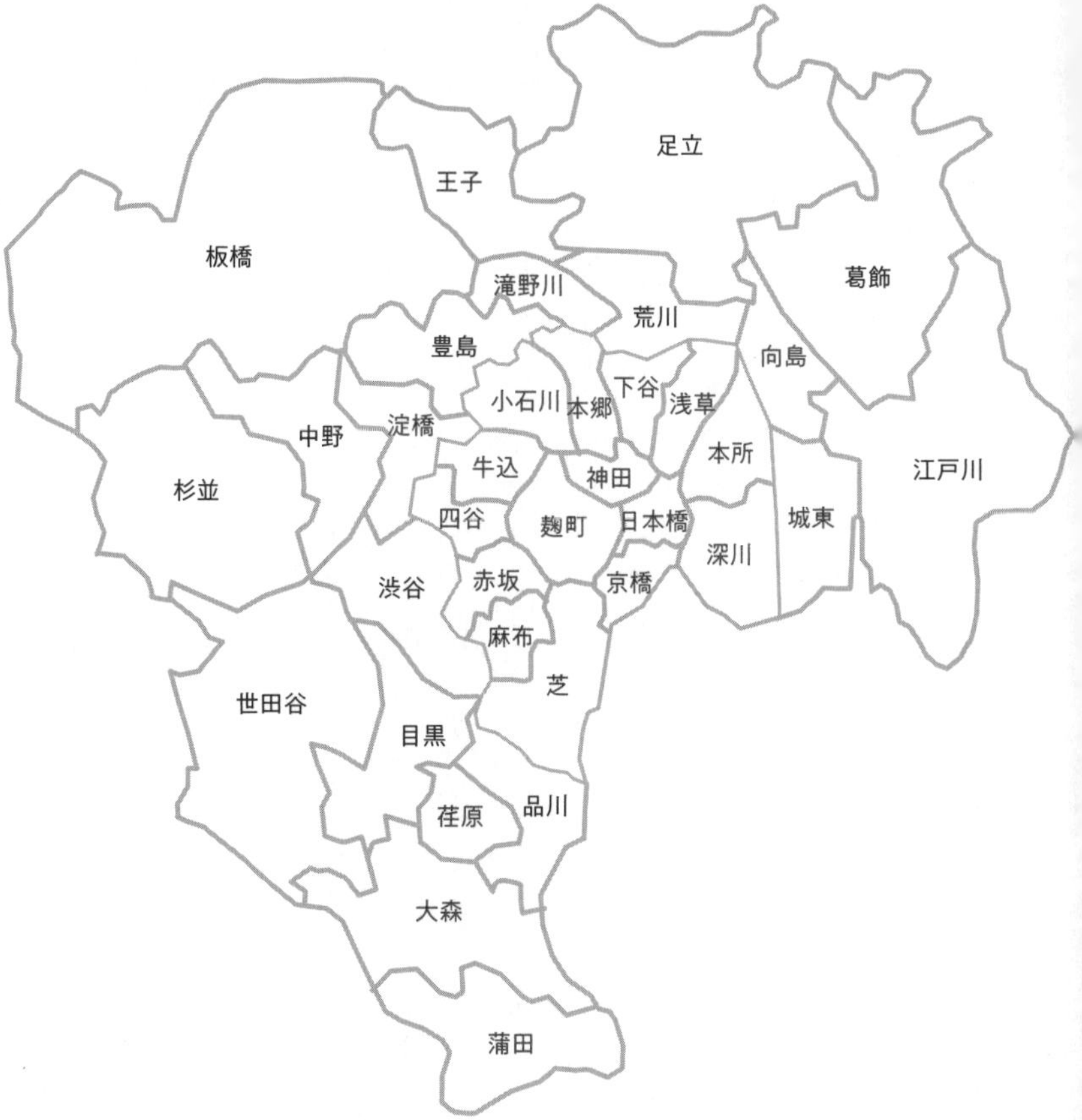

ばかりだったが、区名としてはなくなっても、合併後に発足した新区内の行政地名としてはほとんどが残っている。住民が旧区名に誇りと愛着、親しみを強く持っていた証拠と言えるかもしれない。

まず、旧15区の区名はどうなっただろう? 区名としては、15区すべてが消滅してしまった。麹町区と神田区は、千代田区に生まれ変わったが、千代田区内に「麹町」という町名として姿を変え、名を残している。また、神田という区名は、「神田淡路町」「神田神保町」など町名として26カ所残されている。さらには、「外神田」「西神田」「東神田」という行政地名もある。

中央区になった京橋区と日本橋区という区名は、中央区内に「京橋」という町名として残されている。日本橋は「日本橋兜町」など日本橋の名を冠した町名が今でも19カ所ある。また、「日本橋」「東日本橋」が行政地名として存続している。

港区になった赤坂区と麻布区と芝区の3区名は、港区内に「赤坂」「元赤坂」、「麻布十番」「麻布台」「麻布永坂町」「麻布狸穴町」「西麻布」「東麻布」「南麻布」「元麻布」、それに「芝」「芝浦」「芝公園」「芝大門」という行政地名として現在も残っている。

新宿区に組み込まれた四谷区と牛込区はどうだったか。新宿区内に「四谷」という行政地名として残されている。「牛込」は「牛込柳町駅」「牛込郵便局」など、駅名や公共施設名などとしては残っているものの、残念ながら正式な地名としては存在していない。

文京区になった小石川区と本郷区は、文京区内に「小石川」と「本郷」という行政地名として存続している。

台東区になった下谷《したや》区と浅草区は、台東区内に「下谷」「浅草」「浅草橋」「西浅草」「東浅草」「元浅草」という行政地名として残されている。

墨田区になった本所区と、江東区になった深川区は、墨田区内に「本所」が、江東区内に「深川」が行政地名として残っている。

では、15区の後に新設された20区の区名はどうなっただろうか。

荏原《えばら》区は消滅したが、品川区内に「荏原」という行政地名がある。大田区に生まれ変わった大森区と蒲田区は、大田区内に「大森北」「大森中」「大森西」「大森東」「大森本町」「大森南」、および「蒲田」「蒲田本町」「新蒲田」「西蒲田」「東蒲田」「南蒲田」という行政地名として残っている。

淀橋区は合併して新宿区になったが、淀橋という名前は残念ながら新宿区内の行政地名として存在していない。新宿区は四谷、牛込、淀橋の3区が合併して発足した区だが、そのうちの牛込区と淀橋区は、正式な地名としては完全に消滅している。淀橋のつく公共施設名には青果市場の「淀橋市場」がある。余談だが、家電量販店の「ヨドバシカメラ」は、淀橋区で誕生したカメラ屋なので、この名がついたそうだ。

北区になった王子区と滝野川区は、北区内に「王子」「王子本町」「滝野川」という行政地名として生き残っている。

本所区と合併して墨田区になった向島区は、墨田区内に「向島」「東向島」という行政地名として名を残している。

深川区と合併して江東区になった城東区は、行政地名にはない。警察署や消防署などの公共施設名としてのみ残っている。

こうして見ると、35区のうち消滅した23の区名は、ほとんどが各区の行政地名として残ったが、新宿区になった牛込区と淀橋区、それに江東区になった城東区の3区は、残念ながら行政地名として名前が残ることはなかった。

逆に、35区の時代には存在していなかったが、その後に生まれた区名がある。

それは、練馬区である。東京35区が22区に統合されたことにより、区の数が著しく少なくなったにもかかわらず、板橋区は他の区と比べて面積が余りにも広く、将来的に見ても人口が著しく増加することが予想されたため、それを見越して板橋区から練馬区が分区されたのである。

分区されても練馬区の人口は23区で第2位、板橋区は第7位にランクキング入りしている。

2

豊島区になくて北区にある「豊島」という地名

東京都北区は、その文字からも分かるように東京の北部に位置している。北区の北側は、荒川を隔てて埼玉県所沢市と隣接している。その北区に「**豊島**」という地名がある。豊島といえば大抵の人は、池袋があることで知られる豊島区をまず思い浮かべるのではないだろうか。その豊島という地名がなぜか北区にある。豊島は王子駅の北側、隅田川西岸一帯の地名で、1丁目から8丁目まである。

逆に、池袋のお膝元である豊島区には、「豊島」という地名は存在していない。なぜ北区に豊島があるのだろうか。

それは、東京市が15区だった時代の地図を見るとわかる。東京市は1932（昭和7）年10月、隣接する周辺の5郡82町村を編入したが、そのうちのひとつに「北豊島郡」があった。5郡とは荏原郡、豊多摩郡、北豊島郡、南足立郡、南葛飾郡である。

北区に「豊島」がある

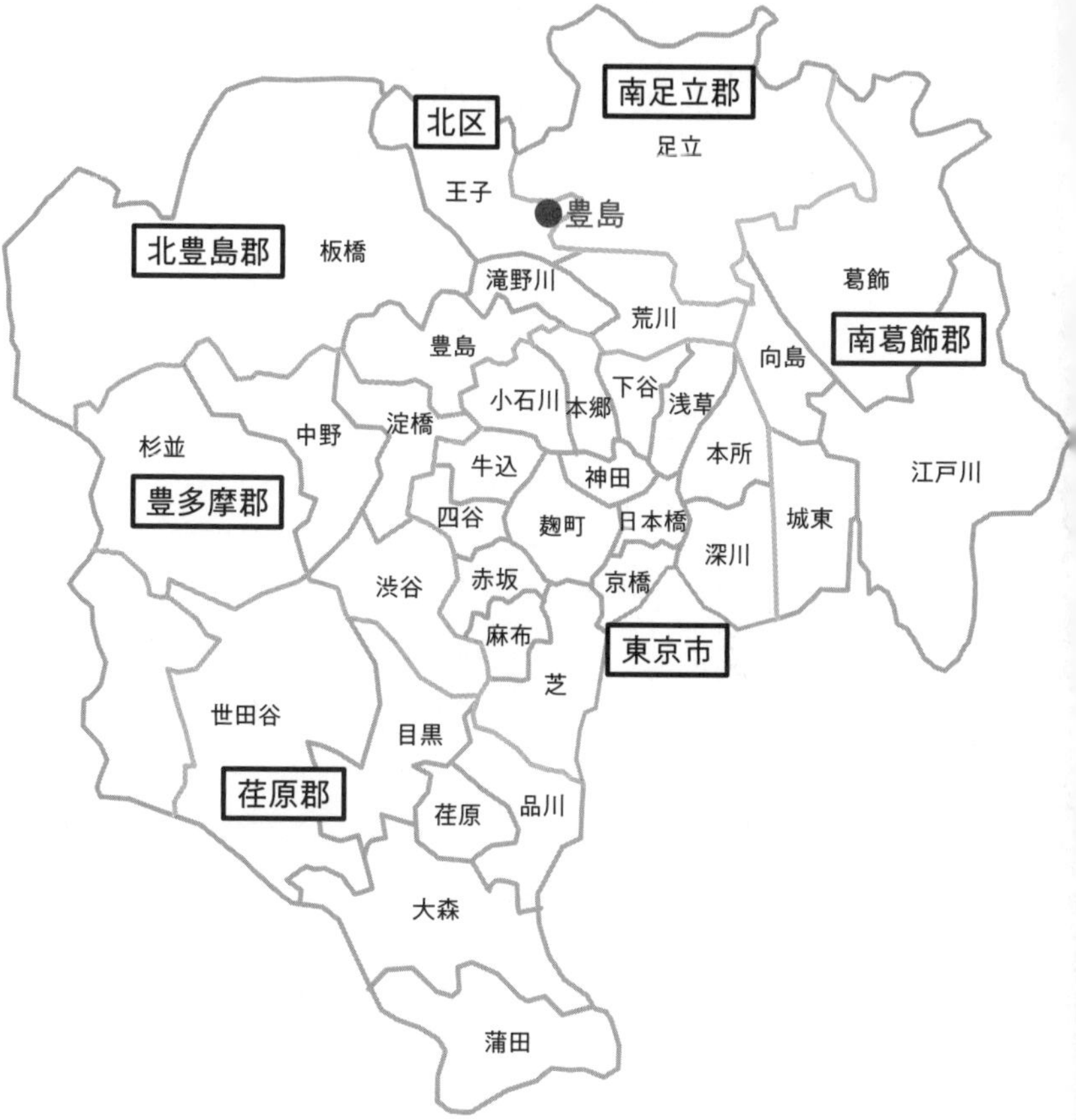
南足立郡
北区
足立
王子
豊島
北豊島郡
板橋
滝野川
葛飾
荒川
南葛飾郡
豊島
向島
下谷
小石川
本郷
浅草
淀橋
中野
杉並
本所
牛込
神田
江戸川
豊多摩郡
四谷
麹町
日本橋
城東
深川
渋谷
赤坂
京橋
麻布
東京市
芝
世田谷
目黒
荏原郡
荏原
品川
大森
蒲田

北豊島郡内には20の町村があった。現在の区名で言うと、荒川、北、板橋、練馬、豊島の5区が北豊島郡の範囲にある。そう考えると、北区に豊島という地名があっても、別に不思議なことではないことがわかるだろう。しかも北区にある豊島は、この地域一帯を治めていた豊島氏の本拠地だったというから、豊島という地名が北区にあることは至極まっとうなことだとも言えるだろう。

明治初期まで、豊島氏が本拠としていた地域を豊島村と言った。1889（明治22）年5月、市制町村制が施行された際、豊島村は王子村などと合併して「王子村」となり、1909（明治41）年8月に「王子町」に昇格した。1932（昭和7）年10月、王子町は東京市に編入され、岩渕町と統合して王子区を発足させた。その王子区は1947（昭和22）年3月、東京35区が22区に統合された際、滝野川区と合併して北区になった。このように見てみると、実は北区にある豊島という地名こそ、本家本元の「元祖豊島」なのである。

練馬区には「としまえん」という、西武グループが運営する大きな遊園地がある。また、西武豊島線の終点駅に「豊島園」という駅がある。としまえんは豊島区にある遊園地だと錯覚しやすいが、西武豊島線も豊島園駅も、そして遊園地の「としまえん」も、すべて練馬区にある。練馬区の前身は、北豊島郡にあった町村が統合されて成立したのだから、練馬区に「としまえん」があっても決して不思議ではないのである。「としまえん」は練馬城の城跡一帯を公園として整備したもので、練馬城は豊島氏が室町時代に築城した城だったのである。遊園地の名前は区名ではなく、城の主である豊島氏の名前に由来しているのだ。

3 新宿区―荒川の東側に誕生していたかも⁉

乗降客数世界一を誇る一大ターミナルの新宿駅や、東京都庁、超高層ビル群などがあることで知られる新宿区は、先にも触れたが１９４７（昭和22）年3月、四谷区、牛込区、淀橋区の３区が合併して発足した区である。「新宿区」という区名は、甲州街道の宿場町として栄えた「内藤新宿」をルーツとしている。だが、新宿区が発足する15年ほど前、東京23区の東部を流れる荒川の東側で、新宿区が誕生する可能性があったことをご存知だろうか。

実は、東京市が１９３２（昭和７）年に編入した5郡82町村のひとつに**「新宿町」**という自治体があったのである。現在の新宿区内に存在していたのではなく、新宿区から遠く離れた千葉県との県境近く、利根川水系の中川と江戸川に挟まれた地域にそ

荒川の東側に誕生していたかもしれない「新宿区」

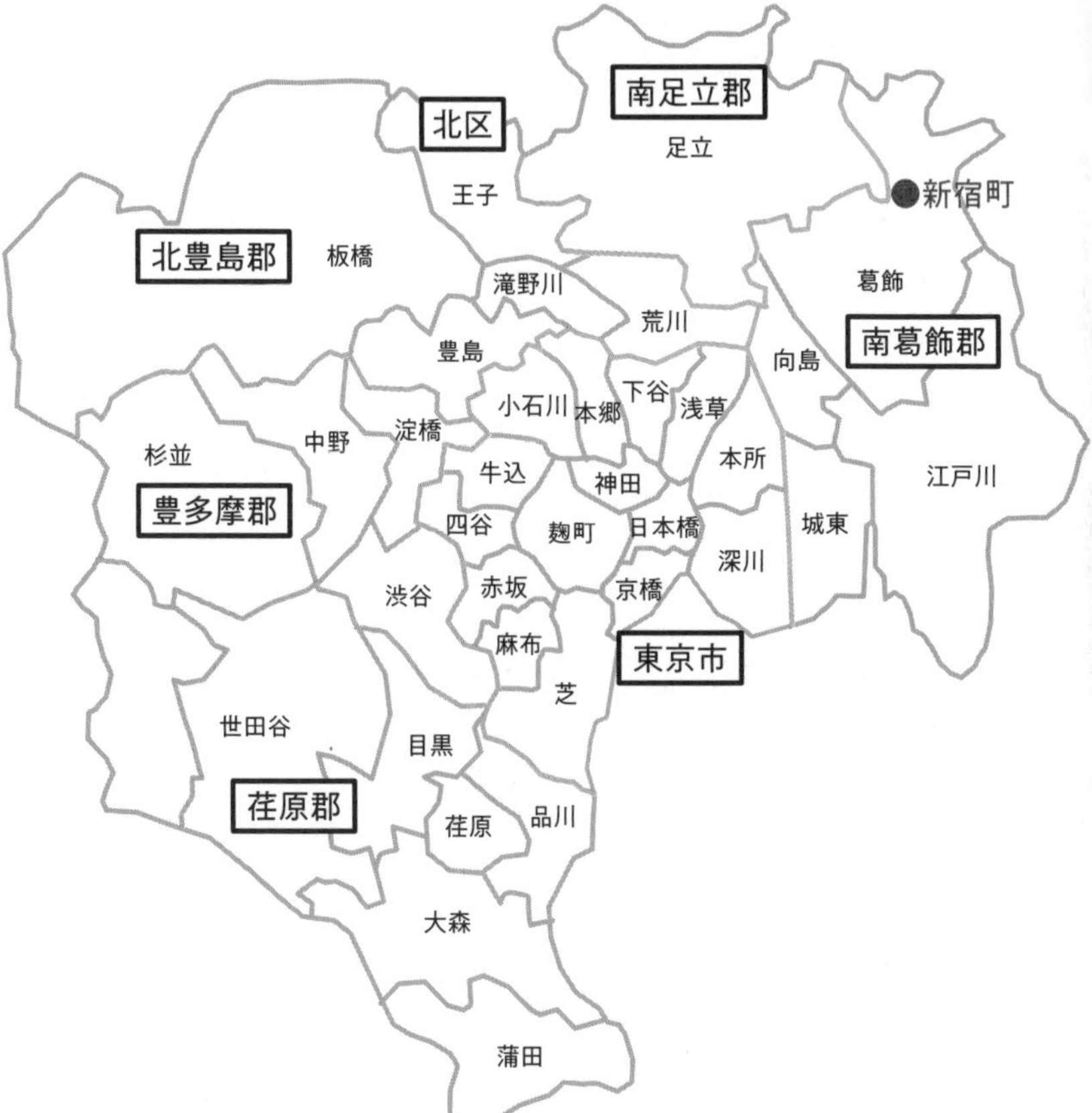

の町はあった。現在の葛飾区近辺で、常磐線金町駅の西側あたりに位置する町である。だが、新宿町は「しんじゅく」町ではなく、「にいじゅく」町と読む。江戸時代は水戸街道の宿場町として栄えていた。とはいっても、内藤新宿のように大きな宿場ではない。千住宿と松戸宿の間にあり、本陣も置かれていないような小さな宿場だった。当時は「あらしゅく」といっていたようだが、のちに「にいじゅく」に転化したのだという。

1889(明治22)年、市制町村制が施行された際に新宿町として発足。1932(昭和7)年、東京市が周辺の5郡82町村を編入して20区を新設した際、新宿町もそのひとつとなった。この地域は、新宿町をはじめ金町、南綾瀬町、本田町、奥戸町、亀青村、水元村の7町村が合併してひとつの区を発足させる予定だったが、区名の命名は難航したようだ。当初は「新宿区」とする案も有力だったらしい。しかし、新宿は小さな宿場町で、東京でもあまり知られていなかった。むしろ、甲州街道の宿場町として栄え、南豊島郡の郡役所も置かれていた内藤新宿のほうが圧倒的に知名度が高かったため、「にいじゅく」ではなく「しんじゅく」と誤読される恐れもあった。内藤新宿との混同を避ける意味もあって、新宿区という区名が採用されることはなかった。

結局、合併する町村が所属する郡名（南葛飾郡）から取って、「葛飾区」と命名されたのである。

葛飾区が発足した時、新宿区はまだ存在していなかったので、葛飾区ではなく「新《にい》宿《じゅく》区」があっても何ら問題はなかったわけだが、もしそうなっていたとしたら、現在の新宿区は恐らく「新宿区」を名乗ることはなかったのではないだろうか。

では、どのような区名になっていただろう？　考えてみると、なかなか興味深い。まさか「新宿（にいじゅく）区」と「新宿（しんじゅく）区」という、同じ文字の区名がふたつ誕生するようなことはなかっただろうから、公募では1位に挙げられた戸山区か、山手区になっていた可能性もある。そのほか、早稲田区、武蔵野区、富士見区、花園区、市ヶ谷区、城西区、代々木区、武蔵区、京西区、中央区、御園区などの候補があったので、この中から選ばれていたかもしれない。

いずれにしても、区名をめぐって大いにもめたことは間違いない。実際、現在の葛飾区には、中川の東岸に「新宿1〜6丁目」という行政地名がある。もちろん、読み方は「にいじゅく」だが、地元民以外のほとんどの人が「しんじゅく」と読み間違えるようだ。

4 「大塚」の北にある「南大塚」

東京の都心を環状運転している山手線に、都電荒川線と接続する唯一の駅がある。それは、東京の副都心として全国でも屈指の乗降客数を誇る池袋駅の隣にある**「大塚駅」**だ。大塚駅は今でこそ、池袋駅の10分の1程度の乗降客数でしかないが、戦前は池袋駅よりはるかに賑わう街だった。大塚駅こそが、豊島区の中心駅だったのである。今でも、駅周辺の街並みや商店街などに、かつて栄えていた頃の名残を見ることができる。

大塚駅の北側には「北大塚1〜3丁目」が、駅の南側には「南大塚1〜3丁目」という地名がある。大塚駅の北側にあるから北大塚、南側だから南大塚というのは、誰にもわかりやすく、理にかなった地名だと言えよう。だが現在、どうにも理屈に合わ

「大塚」の北にある「南大塚」

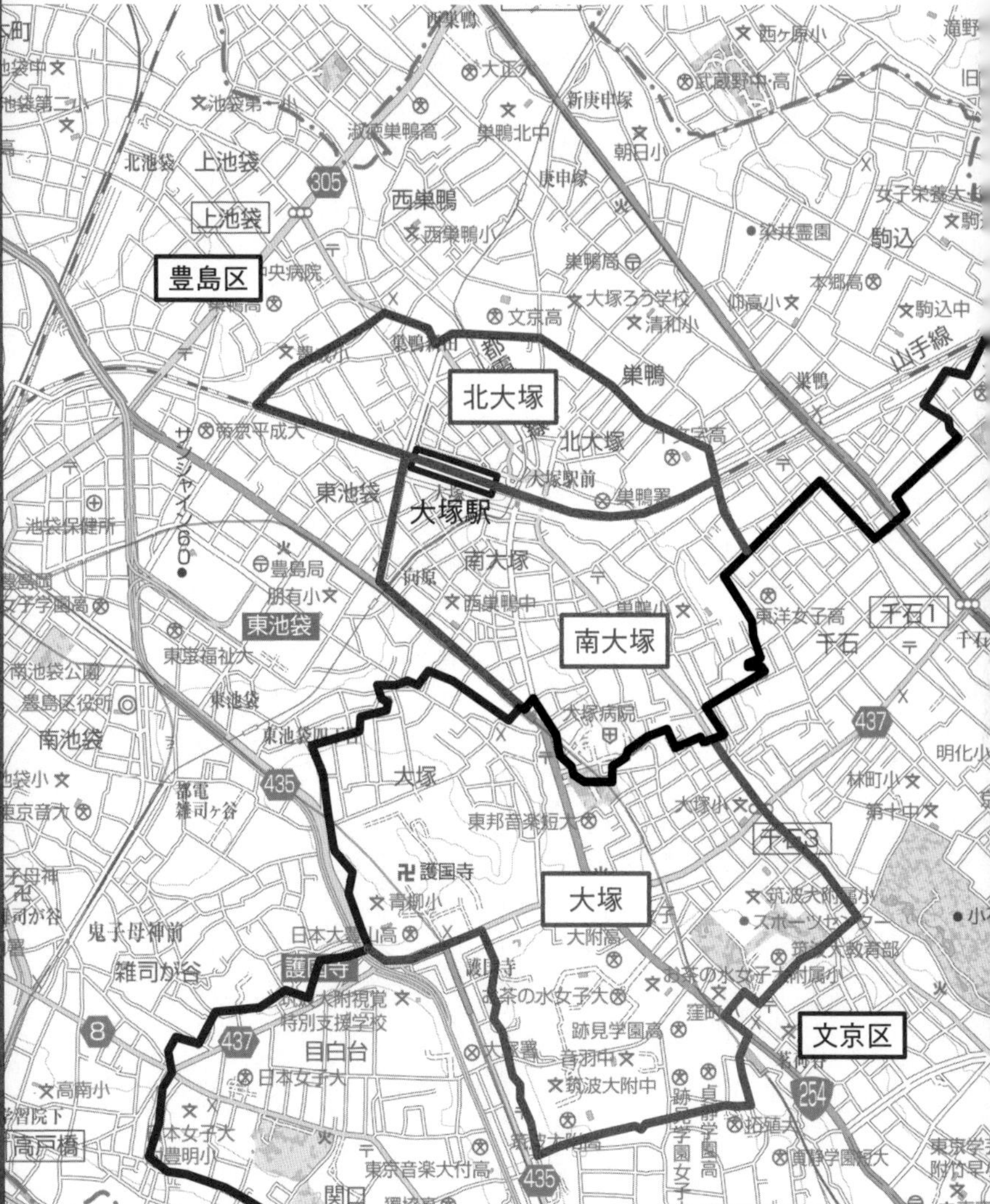
豊島区
北大塚
大塚駅
南大塚
大塚
文京区
上池袋
西巣鴨
巣鴨
東池袋
雑司が谷
目白台
千石
駒込
護国寺
山手線
大塚駅前
護国寺
お茶の水女子大
筑波大附中
日本女子大
東邦音楽短大
西巣鴨中
豊島局
池袋保健所
南池袋公園
豊島区役所
南池袋
鬼子母神前
高戸橋
関口
千石1
千石3
東洋女子高
巣鴨署
大塚署
音羽中
跡見学園高
拓殖大
染井霊園
本郷高
駒込中
朝日小
新庚申塚
庚申塚
武蔵野中・高
西ケ原小
女子栄養大
明化小
林町小
東京音大
帝京平成大
305
435
437
254
8

ない現象が起きている。南大塚の南に隣接する場所に「大塚1〜6丁目」という地名があるのだ。

北大塚と南大塚は豊島区にあるが、大塚は文京区に位置する。南大塚と大塚との間には、豊島区と文京区の境界線が通っている。なぜ大塚の北に「南大塚」という地名があるだろうか。

実を言えば、文京区にある大塚こそが、古くからこの地に伝わる由緒正しい地名なのである。豊島区にある北大塚と南大塚は、近年になって生まれた地名なのだ。

文京区にある「大塚」という地名は、江戸時代から既に存在していた。おそらく、この付近に大きな塚でもあったのだろう。それが地名の由来になったものと思われる。

1966（昭和41）年4月、この地域でも住居表示が実施されることになり、大塚町、大塚坂下町、大塚辻町、大塚上町、大塚仲町、大塚窪町などが統合されて「大塚」という地名に変更され、1丁目から6丁目までに区分された。

1885（明治18）年3月、日本鉄道は鉄道建設の資材を運搬するため、品川〜赤羽間に品川線を開通した。当初、品川線の区間に設置された駅は、渋谷、新宿、板橋の3駅のみだった。池袋に駅は設置されなかったのだ。品川線が開通してから半月後には、目白駅が開設されている。

それから18年経った1903（明治36）年、常磐炭田で採掘された石炭を横浜港へ輸送するため、田端と品川線とを結ぶ路線が建設された。この路線が、やがて山手線の一部区間になったわけだが、このときはじめて池袋に駅が開設されることになった。品川線から田端へ通じるための分岐駅が必要だったのである。

当初は、目白駅を分岐駅とする計画になっていた。目白駅から分かれて大塚を通り、田端へ抜けるルートである。この路線が完成した暁には、大塚にも駅が設置される手筈になっていた。ところが、目白地区の住民が目白駅を分岐駅として路線を拡張することに猛然と反対した。そのため、やむを得ず、それまで信号所に過ぎなかった池袋を分岐駅にすることにしたのである。

そういった事情から、品川線と田端を結ぶルートも変更された。大塚に建設される予定だった駅が、当初の計画より1㎞ほど北に設置されることになったのだ。にもかかわらず、駅名は路線が計画された当初の駅名である「大塚駅」を、そのまま採用することにした、というわけである。大塚駅が開設された当時の駅の所在地は「巣鴨村」だった。池袋駅周辺は、巣鴨村の片隅にある小さな集落に過ぎなかったのである。

大塚駅を挟んで北側と南側の地名になっている北大塚および南大塚は、1969（昭和44）年4月に住居表示が実施されるまでは、「巣鴨」および「西巣鴨」だった。北大塚も南大塚も、大塚駅にちなんで付けられた地名だが、その大塚駅自体は、文京区の大塚に由来しているというわけである。

もし、品川線と田端とを結ぶ路線が、当初の予定通り目白駅で分岐していたら、もちろん現在の場所には大塚駅は設置されていなかっただろう。そして、北大塚、南大塚という地名も生まれることはなかったのではないだろうか。

5

東京と神奈川に同じ地名？

河川が、県境や市町村境になっているケースは多い。地域的なつながりが、河川によって分断されているからである。東京の代表的な河川のひとつとして知られる**多摩川**は、山梨県と埼玉県の境界にそびえる秩父山地の笠取山（１９５３ｍ）が水源となっているが、下流では東京都と神奈川県の境界を流れ、東京湾に注いでいる。

東京を流れる河川には、護岸化（洪水や地形の変動を防ぐために、川岸や川床をコンクリートなどでかためること）されている河川が多い。江戸川、荒川、隅田川を見てみると、下流はどこも河川の改修工事がなされている。そういう河川が圧倒的に多い東京にあって、多摩川は比較的自然の流れが保たれていると言えるだろう。そのため、魚類が豊富で川岸では野鳥や野草などが多く見られる河川として、多くの人たちに親しまれている。また、河川敷は緑地として整備され、都民の憩いの場にもなっている。

しかし、多摩川が昔から今のように穏やかな流れの河川であったわけではない。多摩川は勾配が思いのほか急であったため、かつてはたびたび氾濫し、沿線の住民は洪水の被害に苦しめられてきたという歴史がある。

東京から多摩川を越えれば神奈川県である。多摩川が東京都と神奈川県の都県境になっていることはよく知られているが、上京する人が列車で多摩川を越えると、「ようやく東京に来た」と実感するらしい。

東京23区で多摩川に面しているのは世田谷区と大田区である。ところが、多摩川の対岸の川崎市にも、世田谷区と大田区にある地名と同じような地名が存在している。たとえば、世田谷区に「等々力」という地名がある。難解地名のひとつとしても知られているが、「とどろき」と読む。東急大井町線には等々力駅があり、大都会では珍しい「等々力渓谷」と呼ばれる渓谷もある。等々力は1丁目から8丁目に区分されている。１９７０（昭和45）年に住居表示が実施される前までは、多摩川に面する場所で

多摩川の両岸に同じ地名がある

現在「玉堤」と呼ばれるところも等々力の一部だった。

等々力というと世田谷区と思うだろうが、多摩川対岸の川崎市中原区にも「等々力」がある。とどろきアリーナや、等々力陸上競技場などのスポーツ施設がある一角である。なぜ県をまたいで同じ地名があるのだろうか？

かつては、多摩川も荒川などと同じように激しく蛇行していたので、大雨が降るたびに氾濫、そして流路も変わった。そのため、流域はしばしば大きな被害に見舞われてきた。ひとつの村が、多摩川の流路によって分断されてしまう、ということも決して珍しいことではなかった。等々力も、その名残がある場所のひとつなのである。

世田谷区にある等々力も川崎市の等々力も、かつてはひとつの村だった。その等々力村の一部は、多摩川の流路に食い込むように半島状に大きく南に張り出していた。だが、氾濫で流路が変わり、南に突き出していた部分が等々力村の本体から切り離され、飛び地になってしまったのである。

飛び地になった地域の住民は、日常生活に支障をきたすようになってしまった。そこで、明治の終わり頃、政府は府県境の見直しをせざるを得なくなった。１９１２（明治45）年、住民の強い要望により、多摩川の右岸になってしまった地域を「東京府荏原郡等々力村」から切り離し、「神奈川県橘樹《たちばな》郡中原村」へと編入したのである。それが現在の「川崎市中原区等々力」である。

神奈川県に誕生した等々力村は、１８８９（明治22）年の市制町村制により、周辺の村々と合併して玉川村となった。東京側の等々力村は１９３２（昭和７）年、東京市に編入されて「世田谷区」になっている。

東京と神奈川県にまたがっているのは、等々力だけではない。等々力に隣接する世田谷区の「野毛」「上野毛《かみのげ》」という地名もそのひとつで、川崎市高津区には「下野毛《しものげ》」がある。さらに、世田谷区の「瀬田」「宇奈根」という地名は、多摩川の対岸の川崎市高津区にも存在する。

そのほか、大田区に「下丸子」という地名があり、川崎市中原区には「中丸子」「上丸子」「新丸子町」などがある。

これらの地名が東京と神奈川県の両方にあるのは、すべて多摩川の氾濫がもたらした副産物と言えるだろう。河川の改修工事により、流路が強制的に変えられたケースも含まれるが、かつてはひとつにまとまっていた村が、流路の変更によって分断されたのである。明治から大正にかけて、府県境が変更されたことにともない、東京と神奈川県という別々の自治体に、このように同じ地名が存在することになったというわけだ。川を挟んで同じ地名が右岸と左岸の両側にあるのは、何も多摩川だけに限ったことではない。利根川など、全国の河川流域でも探せば出てくることである。

6 1、2を飛ばして3丁目しかない「神田鍛冶町」

東京の地名は、１９６２（昭和37）年に施行された住居表示法（住居表示に関する法律）を境に大きく変わった。そもそも住居表示法は、複雑に入り組んだ町域をわかりやすく再編成し、行政事務の効率化を促進するために設けられた制度である。従来の細分化された地名を統合し、「○丁目○○番地」というように、数字を順序良く並べ替えて分かりやすい住所に改める。そして、郵便配達などの不便さを解消するとともに、経済活動に支障をきたさないようにすることが主な目的であった。しかし、住居表示が実施されたことによって、その土地に古くから伝わる伝統的な地名の多くが失われることになった。

住居表示は全国的な規模で進められた。その多くの地域で、住居表示の実施による地名の変更にさほど抵抗はなかったが、唯一、京都市だけは大都市でありながら、住居表示をほとんど実施しなかった特異な都市である。行政の指導にも応じず、古くからの地名を今もかたくなに守り続けている。それだけ、京都には歴史や伝統を重んじる風土が根づいているからなのだろう。

京都と同じく、東京でも住居表示の実施を拒んだ地域があった。そのひとつに、千代田区の**神田地区**がある。ほとんどの行政地名に「神田」を冠していることからもわかるように、よほど「神田」という地名に誇りと愛着を持っていたのだろう。現在も住居表示の実施がもっとも進んでいない地域のひとつである。

１９４７（昭和22）年3月、神田区と麴町区が合併して千代田区が発足する際、旧神田区の住民は「神田」という地名が消滅してしまうことを惜しみ、区内の地名に「神田」を冠することを認めるように行政に働きかけたという。それが聞き入れられたのだろう。「神田区和泉町」は「千代田区神田和泉町」に、「神田区淡路町」は「千代田区神田淡路町」に、「神田区神保町」は「千代田区神田神保町」というように、神田区が消滅しても、行政地名に「神田」を冠し、古くから受け継がれてきた「神田」という地名を守り抜いたのである。

ところで、神田地区の行政地名には、2丁目があるのに1丁目がなかったり、1丁目と2丁目がないのに3丁目だけがあったりする。これはどういうことなのだろうか。

たとえば、神田駅の北側に「神田鍛冶町」という地名がある。地図などをよく見てみるとわかるが、神田鍛冶町は3丁目だけで、1丁目と2丁目が見当たらないのだ。神田鍛冶町3丁目に隣接して、神田のつかない「鍛冶町1丁目・2丁目」という地名が存在している。

実はこの地区でも1974（昭和49）年1月、住居表示が実施された。神田鍛冶町1丁目と2丁目の住民は行政の指示を受け入れたため、「神田」を外して「鍛冶町1丁目・2丁目」になった。神田鍛冶町の1丁目と2丁目が山手線の東側（外側）にあったのに対し、神田鍛冶町3丁目は山手線の西側（内側）に位置していたことから、「鍛冶町3丁目」ではなく、「内神田3丁目」として再編される案が浮上していた。これに神田鍛冶町3丁目の住民が反発したのである。そのため、神田鍛冶町3丁目の一部区域は内神田3丁目に編入されたが、神田鍛冶町3丁目全体としては、「内神田3丁目」という住居表示の受け入れを拒否。結局、そのまま「神田鍛冶町3丁目」が存続されることになったというわけだ。

「神田多町《たちょう》」と「神田司町《つかさまち》」でも同じような現象が起きている。どちらも2丁目があるのに、1丁目がないのだ。

1966（昭和41）年4月に住居表示が実施され、神田多町は神田旭町および神田鎌倉町と統合して、「内神田3丁目」になるはずだった。神田多町1丁目は神田旭町、神田鎌倉町とともに、住居表示を受け入れて予定通り「内神田3丁目」になった。ところが、神田多町2丁目の住民は「内神田2丁目」に変更させることを拒否したのである。このため、現在でも神田多町2丁目だけがそのまま存在しているのである。神田司町も同様で、1丁目は住所表示が実施されて内神田1丁目と内神田2丁目になったが、神田司町2丁目は住民の反対により、そのまま変更なく現在まで使用されている。

住居表示は、神田地区において、全国でも珍しい地名を生むことになったばかりではなく、東京の地名をかえってややこしくしたという話もある。神田地区で「神田」

を冠していない地名は、おおむねすでに住居表示が実施された地域、「神田」を冠している地名は、いまだに住居表示が実施されていないことを意味している。

これには一部例外がある。住居表示がすでに実施されている猿楽町と三崎町では、旧町名を復活させようという運動が起こり、２０１４（平成26）年の千代田区議会によって町名変更の議案が可決された。それにともなって、２０１８年1月から猿楽町は「神田猿楽町」に、三崎町は「神田三崎町」に変更されたのである。

このように、現代でも神田に住む人たちは、「神田」という地名に並々ならぬこだわりを持っているのだ。

7

東西南北、はじめにつくか？　最後につくか？

住居表示法によって、由緒ある地名は数多く消滅し、代わって「東」「西」「南」「北」「上」「中」「下」など、方向や位置を表す文字を使った地名が、雨後の筍のごとく誕生した。行政の効率化という名のもとに、古くから脈々と受け継がれてきた伝統的な地名が葬り去られ、味もそっけもない方角地名に置き換えられてしまったのである。

方角地名には、「方角＋地名」の順番と「地名＋方角」の順、二通りのパターンがある。前者は「東新橋」「西新橋」「北青山」「南青山」などのように、地名の前に方角を表す文字が入る。後者は「高円寺北」「高円寺南」「阿佐谷北」「阿佐谷南」などのように、地名の後に方角を表す文字がついている。

東京都庁がある「西新宿1〜8丁目」と、その北に隣接する「北新宿1〜4丁目」は、１９７０（昭和45）年から翌年にかけて実施された住居表示によって生まれた地名である。かつては、角筈《つのはず》、十二社《じゅうにそう》、淀橋、柏木など、由緒ある地名が並んでいたが、方角地名と引き換えに消滅している。

また台東区には、浅草象潟《きさかた》、浅草馬道《うまみち》、浅草猿若町《さるわかちょう》、浅草田島町、浅草松清町《まつきよちょう》、浅草菊谷橋など、「浅草」を冠した地名が数多くあったが、１９６４（昭和39）年から１９６６年にかけて住居表示が実施されると、大規模な町名の整理統合が行われて、「東浅草」や「西浅草」などの地名に改称されることとなった。

品川区には、大井海岸町、大井鹿島町、大井滝王子町、大井鮫洲町など、「大井」を冠した地名が25ほどあったが、住居表示の実施により、「大井」のほか「東大井」「西大井」「南大井」という地名に統合されている。

一方、住居表示の実施によって、方角や位置を表す文字が消滅したという例もある。たとえば品川区では、東戸越と西戸越が統合されて「戸越1〜6丁目」というひとつの地名になった。また、板橋区では、上赤塚町と下赤塚町が統合して「赤塚1〜8丁目」になっている。

変化形もある。地名は同じでも住居表示が実施されたことによって、その範囲が変更した、という例である。目黒区にある「上目黒」「中目黒」「下目黒」がこれに当たる。これらの地名は住居表示が実施される前から存在していたが、その範囲が微妙に変わっているのだ。


住居表示が実施されたことにより東、西、南、北のすべての文字を使った方角地名が誕生した地域もある。

かつて、江戸川区の北部、ＪＲ総武本線を挟んで北側と南側の一帯に「小岩町」という地名が存在していた。ところが、１９６６（昭和41）年に実施された住居表示法によって「北小岩」「南小岩」「東小岩」「西小岩」という方角地名に分割されたのである。

江戸川区の南部にも、東西南北の方位が揃っている地名がある。葛西、長島町、桑川町などの地名が、１９７８（昭和53）年からはじまった住居表示で統合され、「北葛西」「南葛西」「東葛西」「西葛西」という4つの方角地名と、「中葛西」の全5つの地名に置き換えられたのである。

大田区にある「大森北」「大森南」「大森東」「大森西」「大森中」という地名も、同じく大田区にある「北馬込」「南馬込」「東馬込」「西馬込」「中馬込」という地名も、住居表示の実施によって生まれた方角地名である。

品川区の「北品川」「南品川」「東品川」「西品川」は住居表示が実施される前から存在しており、住居表示の実施後も地名の変更はないが、末端の番地が地番から住居表示に改められている。

このように、住居表示が実施されたことによって、方角地名が大量に増えたことは間違いない。

8

区分地図帳の原点は江戸切絵図にあり

特に私は地方に住んでいることもあり、仕事などで上京し、東京の街中を移動する際には、23区の区分地図帳が手放せない。東京は巨大な都市だけに、街路が網の目のように張り巡らされ、いたるところに高層ビルが林立している。鉄道や道路などの交通網も複雑に入り組んでいるため、どこへ行くにも地図帳とにらめっこしなければ、身動きがとれないありさまである。最近は、スマートフォンの鉄道乗り換え案内アプリや、グーグルマップなどが行き先を懇切丁寧に示してくれる。都内在住の人でも、これらが手放せないという人も多いのではないだろうか。けれど、各区の正確な境界線を知りたい場合には、アナログだと思うかもしれないが、ぜひ**「区分地図帳」**を見ていただきたい。眺めるうちに、新たな発見をすることも多々あるからだ。

ところで、東京の区分地図帳はいつ頃からあったものだろうか。

東京に23区が成立したときには、既に区分地図帳は存在していた。さらに言えば、東京が35区だった時代にもそれはあった。さかのぼること1889（明治22）年、市制町村制が施行され、15区からなる東京市が発足した数年後、東京市15区の各区ごとの地図が1枚ずつ販売されたのがはじめではないだろうか。そして、これらの原型になっているのが、**「江戸切絵図」**だと言われている。

江戸全図は、江戸時代初期から既に刊行されていたようだ。だが、江戸の人口が増加し、市街地が拡大するにつれ、1枚の地図で江戸の市街地全部を表すことが困難になっていった。しかも、大きな地図では携行に不便である。そこで登場したのが「切絵図」だった。当時、切絵図と言えば「江戸切絵図」を指した。江戸末期から明治の初めにかけて、東京ではさまざまな切絵図が刊行されていたが、なかでも「近吾堂版」「尾張屋版」「平野屋版」などの切絵図がよく知られていた。彩色もきれいで、旅人が東京土産として買い求めることも多かったという。

切絵図は地域ごとに細分化されたもので、地域ごとに1枚ずつ地図に表されて販売されていた。切絵図には、細い路地や武家屋敷、神社、寺院、その他の施設、橋や河川なども描かれ、現在の区分地図帳よりはるかに詳しい。どちらかというと、住宅地図に近いスタイルのものだった。この切絵図が長い年月を経て発展し、現在の区分地図帳になったと考えられる。まさに東京23区の区分地図帳のルーツは、江戸切絵図にあったというわけだ。

今でも、国立国会図書館のデジタルコレクションでは、当時の東京の切絵図を見ることができる。

http://dl.ndl.go.jp/info:ndljp/pid/1286255?tocOpened=1

9　区境を越えただけで町の様子はこんなに違う

東京23区の**区境**は、いったい何を意味するのだろうか？　何が潜んでいるのか？　普段はあまり気にもしないだろう。けれど、この目には見えない1本の線が、実は非常に大きな意味を持っているのである。

というのも、23区は市町村と同じように、国から一定の自治権が与えられた独立した地方公共団体である。同じ東京でも、各区によって日常生活を営んでいく上でさまざまな違いがある。したがって、同じ区内の移動ならともかく、違う区へ引っ越すと、「同じ東京なのにこんなにもルールが違うものなの？」と戸惑うことも少なくないのだ。

河川や幹線道路、鉄道の線路などが区境になっていれば誰にもわかりやすいし、迷うこともあまりないだろう。けれど、細い道路が複雑に入り組んだ住宅地の中に、なぜか区境が通っていることもよくある。なぜこのようなところが区境になっているのか、調べても理由がよくわからないという場所もある。実は区境のほとんどが、そのような理由不明なものなのである。

緩やかなカーブを描いた道路が区境になっているところもある。かつてはそこに小さな川が流れていたが、それが暗渠化《あんきょか》（覆いをされ外から見えないようにした水路）されて道路になった可能性がある。その河川が、たまたま東京に区が設置される前まで存在していた町村の境界だったのだろう。

また、区境が凸凹に入り組んでいるところは、むかし農地だった場所だと考えられる。Aという地主が所有する農地と、Bという別の地主の農地が町や村の境界になり、それが現在の区境に引き継がれてきたのではないかと考えられる。また、大名屋敷の広大な敷地の境目がそのまま区境になっていることもある。江戸時代の古地図と現在の区分地図を照らし合わせてみると、疑問が解けることもあるだろう。思わぬ発見をすることもあるかもしれない。

細い道路や住宅地の中を区境が通っているところでは、一歩またいだだけでも行政サービスや、日常生活のルールが変わることは決して珍しくない。隣り合わせの家で、いつもは仲良くつき合っている家庭でも、区が違うと自治体が異なるため、児童は別々の学校へ通わなければならないこともある。行政サービスを受けるために出入りする区役所は当然違うし、税金を納める場所も違う。自動車のナンバープレートに標示された地名まで違ってくることもある。

たとえば、世田谷区は杉並区、渋谷区、目黒区、大田区、狛江市、調布市、三鷹市、神奈川県川崎市と隣接している。Cさんが所有する自動車が「世田谷」ナンバーなのに、すぐ隣のDさん所有の自動車は「杉並」ナンバーという光景に出くわすこともよくある話だ。また、選挙戦がはじまると、自分たちの選挙区の候補者と、隣の選挙区の候補者が入り乱れることもある。そのため、いったい自分はどの選挙区なのか？　誰に投票したらいいのか？　がわからなくなることもあるようだ。これは特に、区境周辺に住む人ならではの宿命かもしれない。

隣の家とゴミの収集日が違うこともある。縄張り意識が強い地域だと、「指定日以外にゴミ袋が出ている」とか、「これはうちの区のゴミではない。隣の区のゴミが紛れ込んできた」などと、ゴミの出し方でもめることもある。また、プラスチックゴミの扱い方も各区によって異なる。プラスチックゴミを可燃ゴミとして扱う区もあれば、資源ゴミとして回収している区もある。このように、ゴミひとつとっても町の様子は大きく異なるのだ。

道路に関しても同様のことが言える。道の真ん中に、白いペンキで区境であることを示す線が引かれているところもあれば、同じ1本の道路なのに、区境で舗装の色が変わる箇所も。また、区境で道路幅が微妙に変化する場合もある。区境をまたぐと、道路の管理者も異なるため、それぞれのルールに従って道路の幅や表示も変わってくるのだ。「ここまでは自分たちの陣地だ」と言わんばかりに、住居表示のプレートが隣り合わせに設置されているところもある。

このように、区境は目には見えない1本の線に過ぎないが、この線を越えただけで人々の日常生活には大きな違いが見られるのである。

10 築地市場移転による、一番の変化は？

築地にある世界最大級の水産物市場を有する**中央卸売市場**が、２０１８（平成30）年10月、83年の歴史に幕を閉じた。「日本の台所」と呼ばれ、長い間日本人の胃袋を支えてきた築地市場が、豊洲へ移転したのである。

築地市場の面積は23ヘクタール、新しく開設された豊洲市場はその１・７倍（40ヘクタール）の広さがある。

首都圏の人口増加にともない、生鮮食料品の取扱量が増え、築地市場の施設が手狭になってきたこと。それに加えて、施設の老朽化が深刻になりつつあったため、１９７０年代頃から築地市場の移転が検討されはじめた。だが、代替地のメドも立たず、具体性にも欠けていたため、築地市場を再整備することになった。そして、１９９１（平成3）年から築地市場の改修工事がはじまったのである。しかし、ふたを開けてみると、予想よりはるかに建物の老朽化が進んでおり、想像以上に多額の費用と工期がかかることが判明。工事は中断せざるを得なくなった。

その後、築地市場を再整備するか、それとも別の地に移転するかで紆余曲折はあったものの、2001（平成13）年、東京都卸売市場整備計画において、豊洲への移転が正式に決まったのである。決め手となったのは、市場の移転に必要な広大な用地が豊洲で確保できるメドが立ったことと、都心から比較的近いという地の利の面だったようだ。

ただ、移転予定先が東京ガスの工場跡地であったため、土壌汚染の問題が最大のネックとなった。これについては、東京都と東京ガスの間で協議が重ねられ、「土壌汚染対策には万全を期す」ということで決着。移転に向けて工事は順調に進み、豊洲市場は2016（平成28）年11月、予定通りに開業すると思われた。

ところが、土壇場になって汚染土壌に盛り土がされていなかったことや、地下に有害物質を含んだ地下水が溜まっていることが発覚。豊洲への移転計画は暗礁に乗り上げた。ふたたび築地市場の再整備案が持ち上がるなど、豊洲への移転問題で都議会が紛糾したことはまだ記憶に新しい。土壌汚染対策の不手際から追加工事を余儀なくされたり、補償金などの問題が発生したりするなど混乱し、一時は豊洲市場の開場が危ぶまれた。結局、豊洲市場は当初の予定より2年ほど遅れ、2018年10月の開業となったのである。

中央卸売市場が築地から豊洲へ移転して、何が一番大きく変わったのか。

土壌汚染の不安は完全に払しょくされたわけではないが、卸売市場はそれまでに比べて1・7倍の広さになったこともたしかに大きい。また、設備も近代化され、什器をはじめとするものがすべて新しくなったことも変化のひとつとして挙げられる。だが、何が一番変わったか？　と言えば、中央卸売市場が区境を越えたことにある。中央卸売市場の所在地が、中央区から江東区に移ったのだ。

築地は「築く土地」と書くように、埋立地である。明暦の大火（1657年）で焼失した西本願寺（現在の築地本願寺）の代替地として造成されたものだ。一方、移転先の豊洲もまた埋立地である。1923（大正12）年の関東大震災で、東京は壊滅的な被害を受けた。東京が復旧する際に発生した瓦礫などを処理するために、東京湾岸が埋め立てられてできたのが豊洲で、当初は主に工業用地として利用されてきた。だが、銀座から約3㎞と、東京の中心部から至近距離にあることから、現在では商業施設やオフィスビル、マンションなどが建ち並ぶ江東区の一等地になっている。築地から豊洲へは、渋滞していなければ車で10分ほどで到達する。

隅田川に架かる勝鬨《かちどき》橋を渡ると、もんじゃ焼きで有名な月島だ。ちなみに、月島は明治20年代に行われた東京湾の浚渫《しゅんせつ》（湾の底をさらって土砂を取り去ること）工事で出土した土砂で造成された埋立地で、当初は「築島」と呼ばれていた。築島がやがて月島に転化したのだという。月島から朝潮運河に架かる黎明橋を渡ると晴海だが、ここも月島と同じく、東京湾の浚渫工事で出た土砂で造成された埋立地だった。大正末期に工事に着手され、１９３１（昭和６）年に完成している。

晴海から晴海運河に架かる晴海大橋を渡った先が豊洲である。晴海と豊洲の間、すなわち晴海運河に中央区と江東区の境界線が通っている。中央卸売市場がこの区境を渡ったわけである。築地ブランドは消滅し、代わって豊洲ブランドが定着できるか。可能性は未知数だが、期待と不安が入り混じった中央卸売市場の移転である。

第五章
東京23区の意外な境界線

区境というと、きっちり明確に線が引かれているように思われるかもしれない。

けれど、実際には意外とあいまいなところも多々あるのだ。

この章では、ちょっとはみ出た境界線、なぜ?と思われるような境界線などをご紹介していきたいと思う。

1

練馬区の一部がなぜか埼玉県の中に？

東京23区の西北端に位置する練馬区は、23番目に発足したもっとも新しい区だが、面積は48・2km²で、大田区、世田谷区、足立区、江戸川区に次いで第5位。人口は72・2万人（2015年国勢調査）で、世田谷区に次ぐ第2位のマンモス区である。南側は中野区と杉並区に接し、東側は板橋区に、西側は西東京市と武蔵野市に隣接している。北側は都県境を挟んで埼玉県の新座、朝霞、和光の3市と接している。そのうち、もっとも西側に位置する新座市との間には、奇妙な境界線が存在しているのだ。

何が奇妙かと言うと、練馬区の一部が新座市の中に飛び離れているのだ。長さ60m、幅40mほどの狭い一画に13軒の住宅が連なっている。練馬区の本体からわずか数十メートルほど離れているだけなのだが、周囲をすべて新座市に囲まれているので、練馬

練馬区の飛び地

片山三丁目
新座市
練馬区西大泉町
西大泉町
西大泉六丁目
練馬区
29
28
27
6
11
10
7
18
23
17
22
12
9
8
16
13
14
21
19
15
28
7
6
20
27
8
29
35
36
25
9
37
9

区の飛び地であることに間違いない。練馬区は「西大泉１～６丁目」まであるが、飛び地はまだ住居表示が実施されていないため、**「西大泉町」**という地名のままである。

過去にさかのぼってみると、もともとこの一帯は埼玉県だった。埼玉県新座郡榑橋《くれはし》村と新倉村の一部が、１８９１（明治24）年、東京府北豊島郡に編入され、石神井村から分離した一部の地域が加わって「大泉村」を発足させた。財政の乏しい村が、学校を統合して経費を削減するための措置である。

繰り返しになるが、１９３２（昭和７）年、大泉村（北豊島郡）は他の町村とともに東京市に編入されてまず板橋区が成立。旧大泉村は北大泉町、東大泉町、西大泉町、南大泉町、大泉学園町の５地域に区分された。１９４７（昭和22）年、板橋区の面積が余りにも広大だったため、分割されて練馬区が発足した。旧大泉村の５地区は、練馬区の管轄下に置かれることになった。１９８０（昭和55）年から82年にかけては、この地域も住居表示が実施され、北大泉町は「大泉町１～６丁目」、東大泉町は「東大泉１～７丁目」、西大泉町は「西大泉１～６丁目」、南大泉町は「南大泉１～６丁目」、大泉学園町は「大泉学園１～９丁目」に変更された。だが、西大泉町の飛び地は、本体から離れていたということもあって住居表示が実施されず、現在に至るまで「西大泉町１１７９番地」のままである。

なぜ飛び地が発生したのか、理由ははっきりとわかっていない。土地台帳に誤って記載されたためではないかとか、開発業者が住宅を建設する際に、本当は新座市なのに練馬区だと思い込んで練馬区に申請したからなど、さまざまな憶測が飛び交った。結局のところ、原因は現在も不明である。１９７４（昭和49）年に宅地開発が行われた際に、はじめて練馬区の飛び地であることが判明した。それまで新座市も練馬区も、飛び地が存在していることすら認識していなかったという。

練馬区の飛び地は、四方を道路で囲まれているわけではない。地図をみれば分かるが、練馬区と新座市の家が複雑に入り組んでいるのだ。新座市の家の隣は練馬区、その隣の家は新座市、そこから3軒先はまた練馬区という状態なのである。

飛び地の居住者は住民税と固定資産税は練馬区に納めているが、上下水道は新座市からサービスを受けている。そうかと思うと、ゴミの収集は練馬区が行なっている。郵便の集配業務も、新座市の家とは別である。飛び地の西大泉町の郵便番号は、練馬区本体の西大泉と同じ「178」だが、すぐ隣にある新座市片山3丁目の家の郵便番号は「352」と、似ても似つかない番号である。学区は練馬区なので、隣の子どもとは違う練馬区立の学校に通う必要がある。このように、自治体が異なると、行政上何かとややこしいのである。

行政サービスの複雑さを解消するため、飛び地を新座市に編入することで練馬区と新座市の間ではすでに合意している。だが、肝心の住民の同意が得られていない。「東京」というブランドが魅力なのかもしれない。隣同士の家でも、練馬区と新座市とでは不動産の価値も違うという。このような状況なので、飛び地が解消されることは当面の間ないだろう。

2 神奈川県に存在する東京の飛び地

23区から少し離れているが、神奈川県川崎市にも東京の飛び地が存在している。東京都稲城市と、川崎市多摩区の境界線上に広がる「よみうりランド」という遊園地の一角に、稲城市の飛び地があるのだ。飛び地といっても、稲城市本体からは10ｍほどしか離れていない。東西約１２０ｍ、南北40ｍほどの「へ」の字形をした小さな飛び地である。練馬区の飛び地と違って居住者は誰もいないので、大した支障はないのかというと、意外とそうでもないのである。

よみうりランドは観覧車、絶叫マシン、遊泳プール、多目的ホールなど、さまざまな遊戯施設を備えた大規模な遊園地で、多摩丘陵の南側斜面に開発されたものである。敷地の大半は川崎市多摩区にあるが、よみうりランドの所在地は**「東京都稲城市矢野**

口」になっている。これは、よみうりランドの本社が稲城市矢野口にあるからだ。だが、電話の市外局番は稲城市の（042）ではなく、川崎市の（044）である。これは、遊園地の施設の大半が川崎市側にあるためだという。

施設が境界線をまたがっていると、何かとややこしいことが起こる。

たとえば、よみうりランドの施設内にある「よみうりランド慶友病院」は、稲城市と川崎市の境界線上に建っている。建物の70％以上は稲城市側である。そのため、病院の住所は「稲城市矢野口」。だが、なぜか電話の市外局番は稲城市の（042）ではなく、川崎市と同じ（044）である。病院の近くには「よみうりランド丘の湯」という入浴施設があるが、これは完全に稲城市側に建っている。住所も稲城市矢野口である。ならば、電話番号の市外局番も稲城市の（042）だと考えるところだが、これまたなぜか川崎市と同じ（044）なのである。そのため、病院を利用する人はしばしば市外局番で戸惑うという。よみうりランドの敷地内にある施設は、たとえ稲城市側に建っていようと、住所が稲城市であっても、電話の市外局番はすべて川崎市の（044）に統一されているのである。

稲城市の飛び地

京王ロステイション
東京都稲城市
矢野口
読売ジャイアンツ球場
矢野口
稲城市矢野口町
神奈川県川崎市多摩区
よみうりランド
菅仙谷四丁目

よみうりランドにある稲城市の飛び地は都県境を飛び越えているが、かつて稲城市は神奈川県の南多摩郡に所属していたため、同じ神奈川県内にある飛び地だった。稲城市は古くは矢野口村という小さな村だったが、1889（明治22）年4月に施行された市制町村制により、周辺の村々と合併して「神奈川県南多摩郡稲城村」として発足した。だが、1893（明治26）年4月、三多摩（北多摩郡、南多摩郡、西多摩郡）が神奈川県から東京府に移管されたことにより、「東京府南多摩郡稲城村」になった。1957（昭和32）年4月、「稲城村」から「稲城町」になり、1971（昭和46）年11月、市に昇格して現在に至っている。どうやら、飛び地は明治初期の矢野口村だったころから存在していたらしい。なぜ飛び地が発生したのかは不明だが、矢野口村に住む地主が、この地に農地を所有していた名残ではないかと推測される。

この稲城市の飛び地で、2002（平成14）年4月、ちょっとした事件が発生して話題になったことがある。現在、飛び地には何も建っていないが、かつてそこには読売巨人軍の屋内練習場があった。その屋内練習場のロッカールームから選手のグラブが盗まれたのである。それだけのことだったが、場所が場所だっただけにニュースになった。犯人は屋内練習場の川崎市側の窓から侵入し、東京都稲城市側のロッカールームからグラブを盗んだのだ。この立地が事件をややこしくした。この盗難事件が東京都と神奈川県のどちらの管轄になるのか、判断に困ったのだ。結局、警視庁と神奈川県警が同時出動し、現場は一時騒然になったという。グラブがひとつ盗まれただけの、なんということのない窃盗事件が、都県境上の建物で起きたことからとんだ厄介事になったのだ。

このような事件はあったものの、その後、飛び地を解消させようという動きは今のところないようだ。

3

朝霞は埼玉。なのに朝霞駐屯地は東京

埼玉県の南東部に**「朝霞市」**という東京のベッドタウンとして発展している都市がある。面積18・3㎢、人口約14万人。周囲を新座、志木、さいたま、戸田、和光の5市に囲まれており、東武東上線とJR武蔵野線が市の北部で交差している。市の南部には、陸上自衛隊朝霞駐屯地がある。戦前はここにゴルフ場があった。1930（昭和5）年に、東京ゴルフ倶楽部がこの地に開設したものだが、1940（昭和15）年に陸軍省に買収された。その後、第二次世界大戦の敗戦によりアメリカ軍の駐屯基地「キャンプ・ドレイク」として使用されてきた。

1960（昭和35）年には、陸上自衛隊の朝霞駐屯地になった。駐屯地の名称は「朝霞」だが、実際には朝霞市、新座市、和光市の3市にまたがっている。だが、地図をよく見ると、3市のほかにわずかながら練馬区にもまたがっていることがわかる。練

朝霞駐屯地は東京都

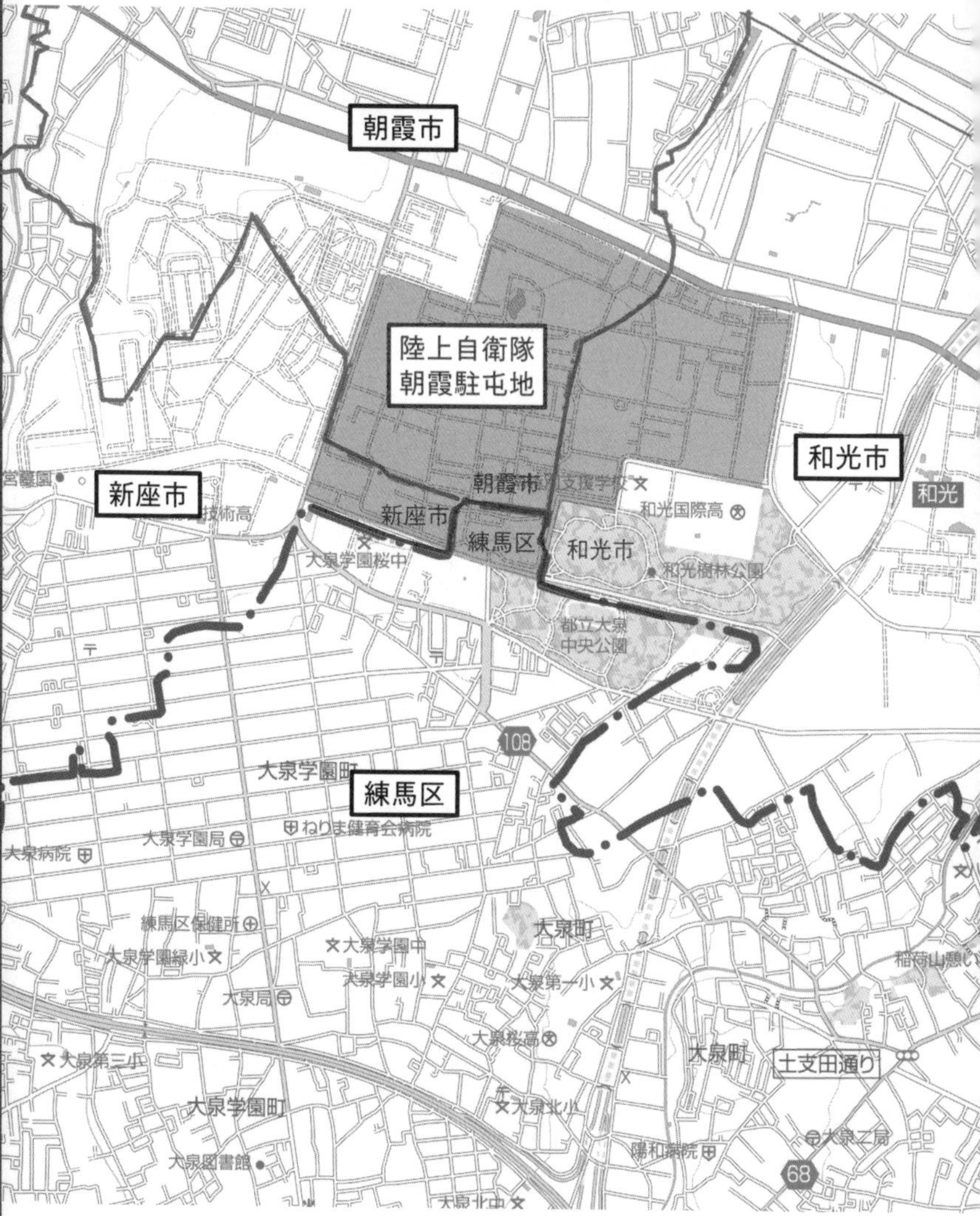
朝霞市
陸上自衛隊
朝霞駐屯地
和光市
新座市
和光
朝霞市
新座市
練馬区
和光市
和光国際高
和光樹林公園
都立大泉
中央公園
大泉学園桜中
108
大泉学園町
練馬区
ねりま健育会病院
大泉学園局
大泉病院
練馬区保健所
大泉学園緑小
大泉学園中
大泉学園小
大泉町
大泉第一小
大泉局
大泉桜高
大泉第三小
大泉町
土支田通り
大泉学園町
大泉北小
大泉乙局
陽和病院
68
大泉図書館

馬区の大泉学園町の北側の一部が埼玉県側に突き出し、朝霞市と250mほど隣接している。朝霞市に接している練馬区の突起部分が、朝霞駐屯地の敷地なのである。面積にすれば、全体の5%ほどに過ぎない。だが、この5%が実は大きな意味を持っているのだ。

練馬区の突起部分には、朝霞駐屯地の正門のほか、東部方面総監部庁舎が置かれている。つまり、駐屯地の心臓部は「練馬区」に位置するのだ。そのため、朝霞駐屯地のほとんどの施設が埼玉県側にあるにもかかわらず、駐屯地の住所は「東京都練馬区大泉学園町9丁目-4番地」となっている。駐屯地には自衛隊員の宿舎もある。自衛隊員は明らかに朝霞市に住んでいるのに、なぜか住所は「東京都練馬区」という不思議な現象が起きているというわけだ。

朝霞駐屯地の北側を川越街道（国道254号）が通っているが、街道沿いに駐屯地の朝霞門があり、そのすぐ隣に「陸上自衛隊広報センター」が置かれている。「りっくんランド」の愛称で親しまれている陸上自衛隊の博物館だ。その博物館の住所は、「朝霞市栄町4丁目6番地先」である。だが、正式な住所は「東京都練馬区大泉学園町9丁目4番地」。陸上自衛隊の博物館は、東京都と埼玉県という、自治体が異なるふたつの住所を持つ不思議な施設だといえる。

駐屯地の市外局番は練馬区の（03）ではなく、朝霞市と同じ（048）である。だが、駐屯地の練馬区側に置かれている公衆電話の市外局番は（03）だというから、なんともややこしい。これらは、稲城市と川崎市にまたがる「よみうりランド」のケースと似ている。これも境界線上に建つ施設の宿命と言えよう。

4

東京に区境の「フォー・コーナーズ」は存在するか

東京23区の各区は、必ずどこかの区と接しているが、区境が道路であったり、鉄道線路であったり、区境に川が流れていることもある。

23区で海（東京湾）に面しているのは江戸川、江東、中央、港、品川、大田の6区。残りの17区は、いずれも海に面していない内陸区である。東京23区の北側は埼玉県に、東側は江戸川を間に挟んで千葉県に、南側は多摩川を挟んで神奈川県と接している。西側は多摩地区の狛江、調布、三鷹、武蔵野、西東京の5市と隣接している。23区の中には、海にも他県にも多摩地区にも接していない、周囲のすべてを23区のほかの区に囲まれている区が全部で10区ある。千代田、新宿、文京、台東、墨田、目黒、渋谷、中野、豊島、荒川である。

複数の区と接していれば、必ず区境が3つ交わる、いわゆる**「区境の三叉路」**が生

東京 23 区の「フォー・コーナーズ」

まれる。実際、東京23区にはこの区境の三叉路がいたるところにある。

たとえば、中央線の飯田橋駅付近には、千代田区と新宿区および文京区の三叉路がある。山手線の新橋駅近くには、千代田区と港区および中央区の三叉路が、総武線の浅草橋駅近くには、千代田区と中央区および台東区の三叉路がある。このように、区境の三叉路は実際にある区の数より多く存在しているのである。区境を歩くことを趣味としている「区境マニア」と呼ばれる人もいるが、そういう人にとって区境の三叉路はかなり魅力的な地点だろう。区境が川や鉄道の線路など、足を踏み入れることができないところでなければ、わずか数秒で3つの区の土を踏むことができるからだ。

23区には区境の三叉路どころか、都県境の三叉路もある。東京、埼玉、千葉3都県の三叉路が存在しているのだ。残念ながら、この三叉路を歩くことは不可能である。というのも、都県境の三叉路は川の中にあるからだ。東京（葛飾区）と埼玉県（三郷市）、千葉県（松戸市）の都県境は、江戸川の中で交わっている。

世界に目を向けてみると、アメリカには4つの州境が交差している地点がある。ユ

東京 23 区の「フォー・コーナーズ」

タ州、コロラド州、アリゾナ州、ニューメキシコ州の4つの州境が直線で交差しており、「フォー・コーナーズ」と呼ばれている。4つの州境が交わる地点には「フォー・コーナーズ」のモニュメントも設置され、ちょっとした観光名所になっている。

では、東京23区には区境のフォー・コーナーズ、すなわち4本の区境が交差している地点は存在するだろうか。残念ながら、東京にフォー・コーナーズは存在していない。だが、もう少しどちらかの区境が移動していれば、フォー・コーナーズになっていたのに、という地点は3カ所ほどある。

ひとつは、豊島区にある西武池袋線東長崎駅の西側だ。新宿、中野、練馬、豊島の4区の区境が集まっている。「中野区江原町3丁目」と「豊島区南長崎6丁目」の区境が130mほど接しているが、新宿区と練馬区がその130mに阻まれて接していないのだ。惜しいところである。

もうひとつは、港区の国立博物館附属自然教育園の北側にある。そこには港、品川、目黒、渋谷の4区の境界線が集まっており、渋谷区の最南端と品川区の最北端が130mほど接している。だが、目黒区の最東端と港区の西端は目と鼻の先にあるものの、渋谷区と品川区に阻まれて130mほど離れているのだ。

東京23区の「フォー・コーナーズ」

もう1カ所は、山手線の西日暮里駅の西側にある。台東区の西北端が、文京区と荒川区の間を割り裂くように北へ細長く突き出しているが、北区まであと130mほどのところで行く手を阻まれている。あと一歩及ばず、といったところか。文京区と荒川区、台東区と北区がそれぞれ手を取り合うのを阻んでいるような形になっている。いずれも130mほど離れているのが偶然である。

これら3カ所の地域では、数分足らずで4つの区を渡り歩くことができるので、区境に興味を持っている人にとっては非常に面白いポイントではないだろうか。

5 東京23区が横浜市より南に？

東京23区の総面積は617・2㎢。東京都全体の34・5％、つまり約3分の1が23区で、残りの3分の2が三多摩地区と島嶼《とうしょ》部である。
23区は埼玉、千葉、神奈川の3県と多摩地区に囲まれ、南東部が東京湾に面している。では、23区の最北端、最南端、最東端、最西端の、四隅の最端はどこにあるだろうか。

23区でもっとも北端の地は「足立区舎人《とねり》4丁目」。埼玉県と接している。川口市、草加市、足立区の3本の境界線が集まる地点付近が、そこである。案内軌条式鉄道「日暮里・舎人ライナー」の見沼代親水公園駅から、北西へ450mほど行ったところが最北端の地になっている。

23区の最東端は「江戸川区東篠崎町」。隣接しているのは千葉県の市川市だ。ただ、ちょうどこの辺りは、先にも話した東京都と千葉県の都県境の未定地になっている(第三章4項参照)。境界が確定していないので何とも言えないが、23区最東端の地は江戸川の川の中か、江戸川の流路が変わって形成された中洲ということになる。残念ながら、23区最東端の地に立つことはできないかもしれない。

23区最西端の地は練馬区にある。練馬区の西側は埼玉県新座市と西東京市、武蔵野市の3市と接しているが、新座市、西東京市、練馬区の3本の境界線が交わる住宅地の一角が、23区の最西端になっている。

では、23区でもっとも南の地はどこだろうか。

驚くべきことに、23区の最南端はこれまでに何度も移動してきたのである。23区の最北端も最西端も、その地点が移動することはなかった。最南端だけなぜ移動するのか、と言うと、23区内でもっとも南の地は、埋立地上に建設された羽田空港の中にあるからだ。これからも埋め立てが進めば、さらに移動する可能性もないとは言えないだろう。

東京 23 区の最南端

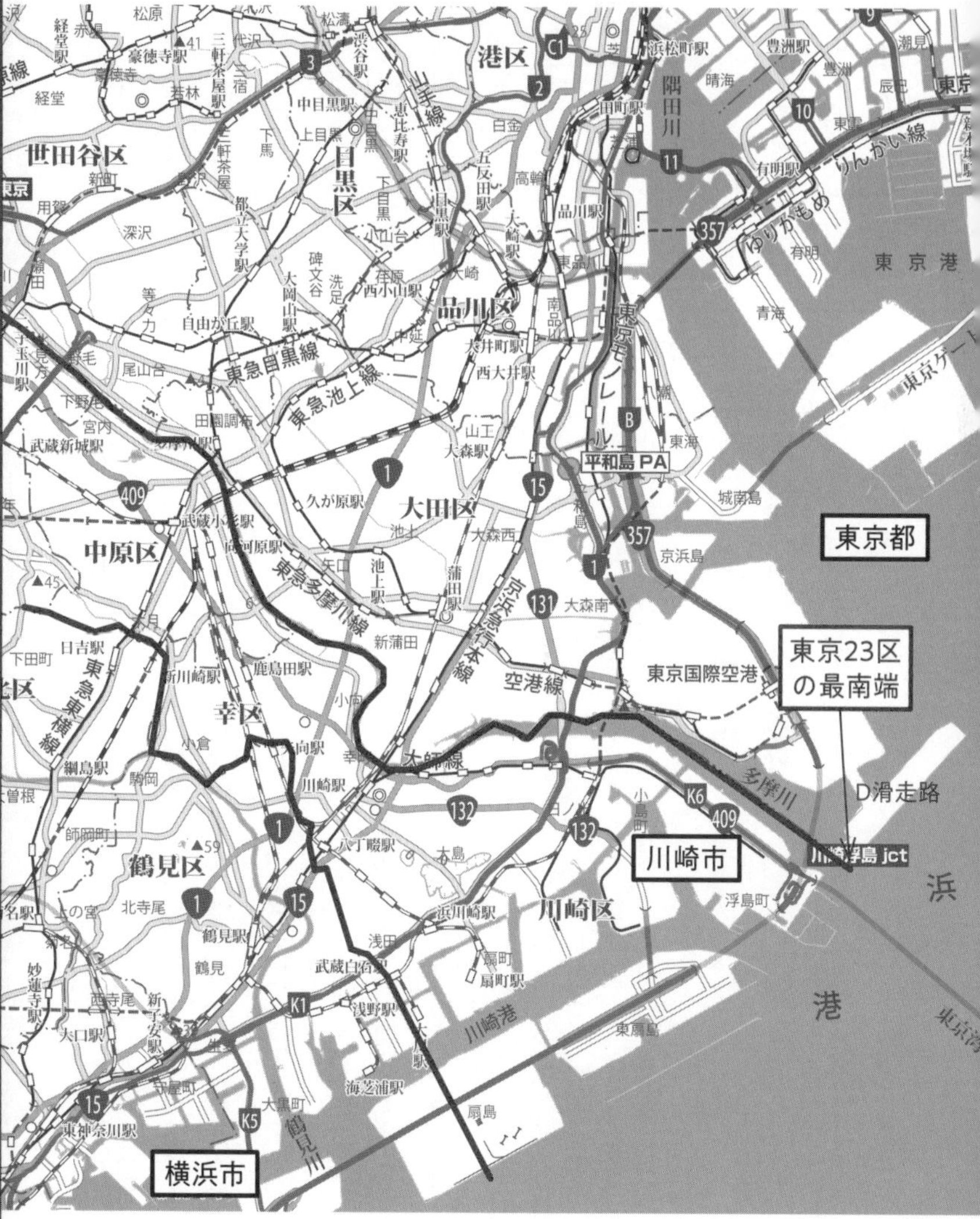
東京都
東京23区
の最南端
川崎市
横浜市
港区
世田谷区
目黒区
品川区
大田区
中原区
幸区
鶴見区
川崎区
東京国際空港
D滑走路
平和島 PA
多摩川
鶴見川
東京港
浜
港
川崎港
東急目黒線
東急池上線
東急多摩川線
京浜急行本線
空港線
大師線
東急東横線
りんかい線
ゆりかもめ
東京モノレール

羽田空港は1931（昭和6）年8月、東京飛行場として開港したが、当時の飛行場の広さは面積0・53㎢、全長300m、幅15mの滑走路が1本あるだけの、小さな飛行場だった。現在の羽田空港からは考えられない小規模な飛行場だったのである。現在は面積15・22㎢と、千代田区の約1・5倍。開港当時と比べると実に30倍近い広さがある。

A滑走路（3000m×60m）、B滑走路（2500m×60m）、C滑走路（3360m×60m）、D滑走路（2500m×60m）の4本の滑走路を備えた日本最大級の飛行場である。

そのD滑走路上に23区の最南端の地がある。D滑走路は2010（平成22）年10月に供用が開始されたが、その南端部分がその地とされている。近年になって新しく誕生した23区の端っこと言えよう。

D滑走路の完成以前は、首都高速湾岸線の多摩川トンネル内に23区の最南端があった。さらにさかのぼると、それ以前は羽田空港のA滑走路、その前は多摩川の下流が大きく曲流している部分に存在していた。大田区が川崎市側に丸く突き出している多摩川の曲流部が、23区の一番南に当たっていた。ちょうどその地を、東海道本線と京浜急行本線、第二京浜（国道15号）が通り抜けている。

羽田空港のD滑走路にある、23区でもっとも南の地は、横浜市の北部よりもさらに南に位置している。大田区の南に隣接する川崎市の、そのまた南にあるのが横浜市だから、それより東京23区のほうが南にあるというのは意外に感じるかもしれない。だが、実際には横浜市全体の20％近くが、東京23区の最南端よりも北に存在している。特に横浜市の青葉区などは、区のすべての地域が東京23区の一番南の地よりも北に位置しているのだ。

6

世田谷区、面積が2・5倍以上になっていたかも

大田区に次いで2番目に面積が広い世田谷区は、海に面していない内陸区である。したがって、合併するなどして区境が変更されない限り、面積が広くなることはない。

ところで、「平成の大合併」をご存知だろうか？　国主導で市町村を合併させてその数を減らそうとする動きで、2005年から2006年にピークを迎え、トータルで1500以上の市町村が減少している。

そして、世田谷区にもこの合併構想が持ち上がり、一時期マスコミで話題になった。2002年、世田谷区と長年交流のあった群馬県の山間にたたずむ**川場村**が合併を検討していることが新聞報道され、周囲を驚かせたのだ。だが、もしこの合併が本当に成立していたら、世田谷区は現在の2・5倍以上の面積になっていただろう。

市町村合併は基本的に、隣接する自治体との合併を原則としている。はじめから飛び地が発生することを想定した合併は、本来まず考えられない。だが、世田谷区と川場村は県境を越えて飛び地になることを前提とした大合併案を、大胆にも掲げたのである。

これには理由がある。

大都会の一角にある世田谷区では、もはや豊かな自然に触れる機会はほとんどない。そこで「第二のふるさと」を求めて、1981（昭和56）年に川場村と「区民健康村相互協力に関する協定」を結ぶことにした。こうして、両者の交流ははじまった。

1986（昭和61）年には、村内にふたつの「区民健康村」が建設され、世田谷区内の小学校の移動教室を受け入れた。農業体験や森林保全活動など、都会では経験できないさまざまな活動を行なうことにしたのだ。区民健康村を利用する世田谷区民は、毎年5万人にも上るようになった。

一方、世田谷区の祭りなどには川場村の人たちも参加し、伝統芸能を披露したり、農産物の直売を行なったりして両地域の交流を深めているのである。

川場村で世田谷区との合併が取り沙汰されるようになったのも、そのような下地があったからである。平成の大合併では、川場村は隣接する自治体との合併を敬遠し、世田谷区との合併を選んだ。また、世田谷区でも、川場村からの申し込みを前向きに検討することになったのだ。世田谷区と川場村の合併は、法的には何ら問題もない。だが、唯一引っかかる点は距離である。世田谷区と川場村は１６０km以上も離れている。また、都会と山村では生活習慣や風俗なども大きく異なる。その両地域が合併して同じ自治体になったとして、行政を運営する上でさまざまな支障が出ることは想像に難くなかった。

さらに言えば、この合併には県議会と都議会の議決、そして都知事、県知事の承認も得る必要がある。もし両地域が合併したら、いったいどのようなメリットがあるのか？　本来は、行財政運営の効率化を図ることが市町村合併の最大の目的のはずだが、果たして効率化を果たせるのか？が最大の焦点となった。

結局、この合併は非現実的である、として、マスコミに話題を提供するのみにとどまり、議会決議や知事の承認を取るには至らず終わった。

が、万が一世田谷区と川場村の合併が実現するようなことがあったなら……。区の

世田谷区の面積が2.5倍以上になっていた可能性

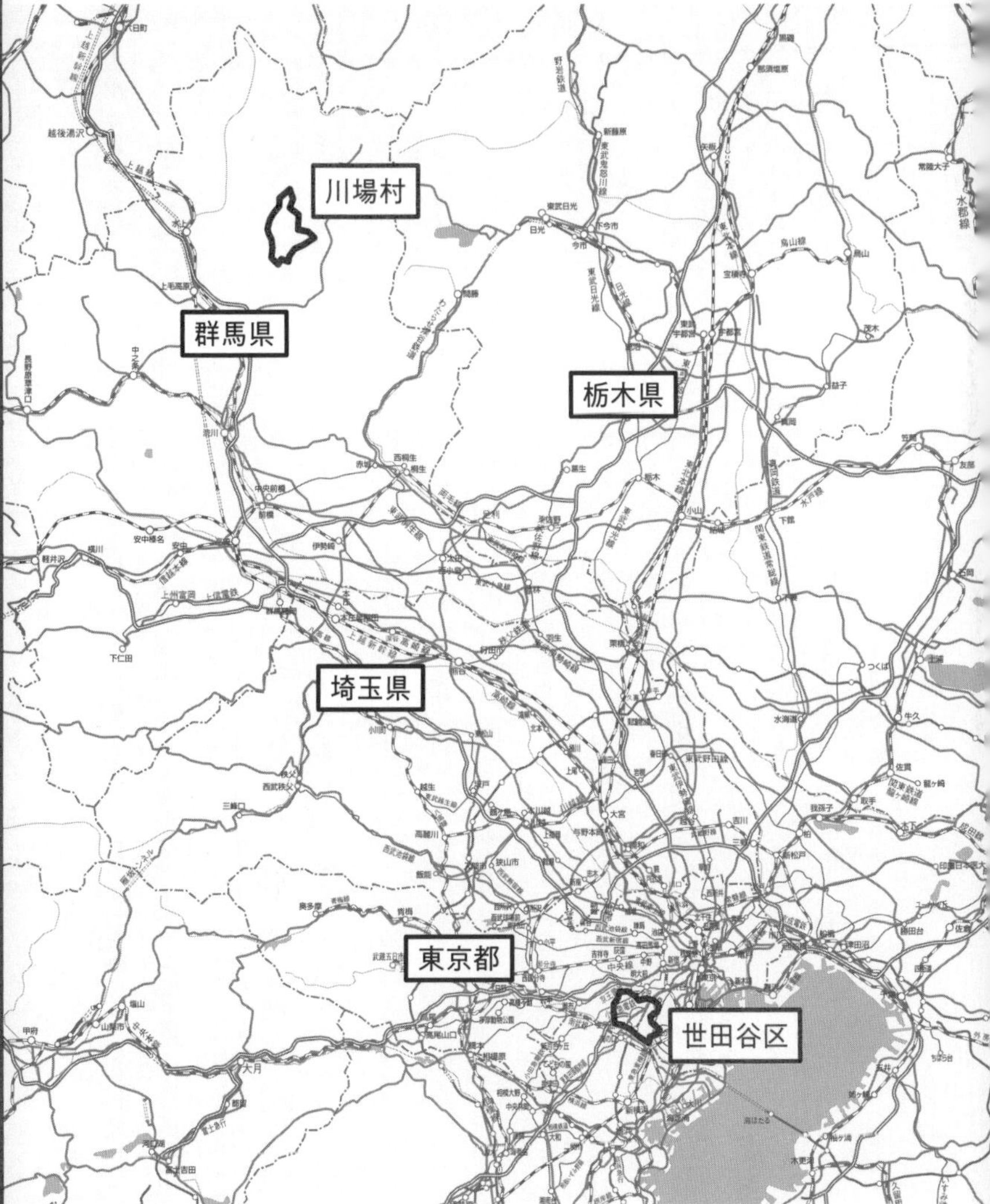

境界線が神奈川、千葉、埼玉の3県のほか、群馬県との間にも存在することになったのだ。ぜひとも地図を想像してみてほしい。面白いことになったのは間違いないだろう。

7 地名＝駅名ではない!?　東京23区の越境駅

鉄道の駅名は、駅が設置されている場所の地名をつけるのが通例である。だが、駅の近くに大きな施設や建造物などがある場合には、その名称が駅名になることもある。たとえば、国立競技場前駅や国会議事堂前駅、豊島園前駅などがそれにあたる。

また、駅名と駅の所在地が異なっている場合もある。いわゆる「**越境駅**」と呼ばれているものだ。地名と駅名が一致しないので、利用者にとっては実に紛らわしい。その代表的な駅名が、品川駅と目黒駅だろう。

品川駅は東海道新幹線をはじめ、在来線の各線、京浜急行本線が発着する一大ターミナル駅だ。近い将来、リニア中央新幹線も乗り入れる予定である。この品川駅は、品川区に位置すると思っている人が少なくないようだ。だが、品川駅は品川区ではなく港区にある。駅の近くに知名度の高い地名がある場合、たとえ越境してでも、その名前を駅名に冠するひとつのいい例だ。あまり知られていない地名を駅名にするより、知名度が高い地名のほうが親しみやすく、利用者にもわかりやすいということが理由なのだろう。

品川駅の由来は、東海道の品川宿だと考えるのが自然だろう。日本ではじめての鉄道が新橋〜横浜間に開通したとき、品川駅は品川宿の近くに設置されるはずだった。しかし、品川宿の人たちが駅の建設に激しく抵抗したため、やむを得ず宿場から遠く離れた「高輪」という寒村に建設することにした。当時、高輪という地名を知る人は少なかったため、圧倒的に知名度が高い品川をそのまま駅名として採用したのである。もっとも、品川駅が開設された当時、品川区は存在しなかった。品川駅が置かれていた高輪は、1889（明治22）年に東京市（15区）が発足した当時は「芝区」に属していた。1947（昭和22）年に芝区、赤坂区、麻布区の3区が合併して「港区」になったものだ。

一方の品川区は、東京市が1932（昭和7）年に周辺の5郡82町村を編入し、そこに20区が新設された際、20区のひとつとして新たに誕生した区名である。品川駅は区名より60年以上も前から既に存在していたのだ。駅名と地名を見る限り、品川駅は越境駅ということになるが、実際は駅が越境しているわけではなく、あとから区境が引かれて、駅名と区名が一致しなくなっただけなのである。越境駅とは趣を異にするだろう。

ちなみに、目黒川という河川があるが、江戸時代にはこの河口に「品川湊」という港があった。また、目黒川の古名を「品川」といった。

山手線の目黒駅も越境駅のひとつだ。目黒駅は山手線のほか、東急目黒線と東京メトロ南北線、都営地下鉄三田線も乗り入れるターミナル駅である。駅名から見て、目黒区にあると思われがちだが、じつは品川区にある駅である。

当初は、駅の西側を流れる目黒川沿いにレールが通るはずだった。ところが、品川駅と同じく沿線住民の反対にあったため、線路は計画したルートより東側を走ることになったのである。その結果、駅は目黒（下目黒村）ではなく、大崎村に設置されることになった。にもかかわらず、駅名は変更せず、そのまま目黒駅として開設された。これは目黒不動や目黒川など、知名度の高い目黒のほうが、利用者にわかりやすいだろう、という配慮からだった。品川駅と同じように、目黒「駅」のほうが目黒「区」より早くに誕生している。目黒駅が開設されたのは1885（明治18）年だが、目黒区が発足したのはそれから47年後の、1932（昭和7）年になってからのことである。

また、小田急小田原線の南新宿駅も、越境駅である。駅名から新宿区にあると思われがちだが、実際には南新宿駅は「渋谷区」に存在する。

そのほか、西武池袋線の江古田駅、八幡山駅、大岡山駅、赤塚駅などもすべて越境駅である。

「江古田」という地名は中野区にある。だが、江古田駅は中野区ではなく、練馬区に設置されている。

東武東上線の下板橋駅は、板橋区ではなく豊島区に存在する。ただし、板橋区との区境近くの豊島区である。なぜ豊島区なのに、板橋区の地名を駅名にしたのだろうか。

越境駅

それは、駅が開設された当時は板橋区に駅舎があったからだという。名残をそのままに使用しているのだろう。

京王電鉄京王線の八幡山駅は、杉並区と世田谷区の境界付近にあるが、駅の所在地は「杉並区上高井戸1丁目」。だが、「八幡山」という地名は世田谷区に位置するので、越境駅ということになる。同じように、東京急行の目黒線と大井町線が乗り入れる大岡山駅も、駅の所在地は「大田区北千束3丁目」。だが、「大岡山」という地名は目黒区にある。

東京メトロ有楽町線と副都心線が乗り入れている地下鉄赤塚駅は、練馬区と板橋区の境界上にあるが、駅事務所が練馬区側にあるので、駅の所在地は「練馬区北町8丁目」になっている。だが、赤塚という地名は板橋区にあるのでやはり越境駅である。

駅舎や駅のホームが、区境にまたがっているという駅も少なくない。

たとえば、東京最大のターミナルとして知られる新宿駅もそのひとつ。駅舎の大半は新宿区にあるが、駅の南側の4分の1ほどが渋谷区にまたがっている。新宿駅の南口は渋谷区に位置しているのだ。

中央線の四ツ谷駅も、山手線の日暮里駅も、埼京線の板橋駅も、同じように駅舎が区境にまたがる「境界駅」である。

埼京線の「浮間舟渡駅」は、「北区浮間」と「板橋区舟渡」の境界にあるが、両者が駅名でもめることのないように、両方の地名をとって駅名としている。

飯田橋駅は、路線ごとに駅が設置されている区が異なるという珍しいケースである。中央線と東京メトロ東西線の飯田橋駅は千代田区。東京メトロ有楽町線と南北線の飯田橋駅は新宿区。そして、都営地下鉄大江戸線の飯田橋駅は文京区に存在する。

このように見てみると、東京の鉄道駅には興味をそそられる駅が随分多いのである。

8

住所は都内、最寄り駅は埼玉県

東京の鉄道網の発達は実に見事である。地方から上京した人がまず驚くのが、15両など、何両もの車両を連ねた長い列車が、数分間隔で駅を発着する光景だという。東京では、「列車に乗り遅れたらどうしよう」と慌てふためく必要はそれほどない。列車が次から次にやってくるので、時刻表を必要としない路線も多いのだ。1時間に1、2本と、忘れたころにしか列車がこないような地域に住んでいる人や、鉄道駅から何十キロも離れたところに住んでいる人、車を主な交通手段にしている人にとって、東京に張り巡らされている路線や列車本数の多さは、カルチャーショックそのものと言えるだろう。

東京の鉄道網は、JR、私鉄、地下鉄などが連携するように運行され、利用者に便宜を図っている。

都心部は、山手線が環状運転している。その真ん中を中央線や総武線が通っている。また周囲を走る京浜東北線、埼京線、常磐線などの在来線も、ターミナル駅を結びながら東京の街を走り抜けている。

新宿、池袋、渋谷などの副都心からは、大手私鉄が郊外へと延び、モノレールや路面電車も走っている。さらに、地下には東京メトロと都営地下鉄の路線網が張り巡らされている。東京23区であればどこに住んでいても、少し歩いただけでどこかの駅に到達できると言えるだろう。それほど、東京は鉄道が発達しているのだ。

しかし、一方で東京23区内なのに、交通の網の目をすり抜けるかのように駅が非常に希薄で、駅まで30分以上歩かなければならない地域もある。

その多くが、江戸川区や葛飾区、足立区、練馬区など、23区の外縁付近に存在する。足立区北部では、最寄り駅が区内ではなく、なんと隣の埼玉県にある。足立区の**六木**《むつぎ》**地区**の人たちは、十数分歩いた都県境を越えて埼玉県八潮市にある「つくばエクスプレス」八潮駅が最寄り駅である。足立区内にあるもっとも近い駅は、東京メトロ千代田線の北綾瀬駅か、つくばエクスプレスの六町《ろくちょう》駅。どちらも徒歩だと40分ほどかかる。

埼玉県にある東京都民の最寄り駅

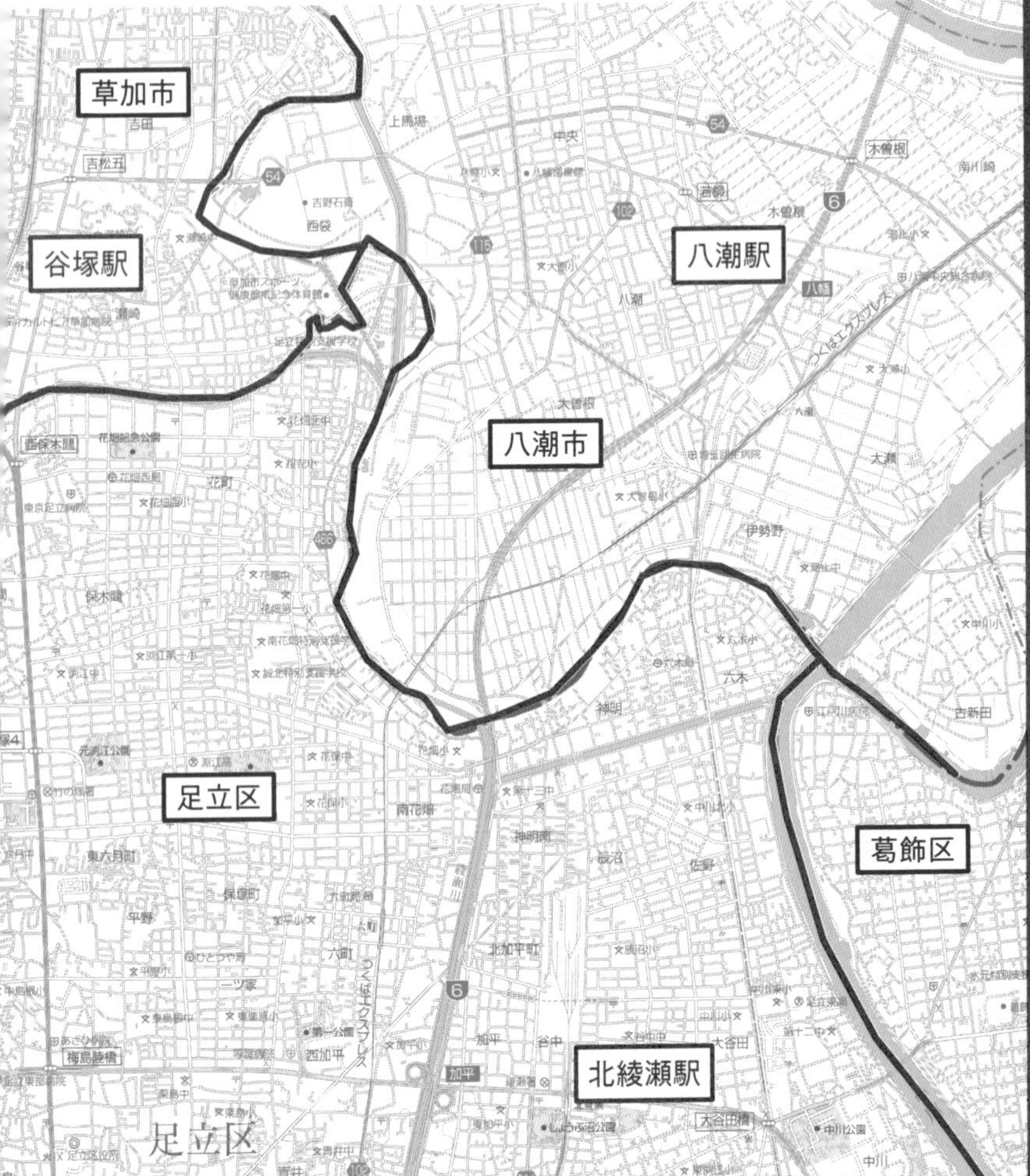

足立区の花畑地区に住む人も、最寄り駅は埼玉県草加市にある東武伊勢崎線の谷塚駅である。

このように、23区内であればどこに住んでいても、鉄道に不自由していないわけではない。場所によっては、駅まで30分も40分も歩く必要があったり、最寄り駅が隣の県だったりする地域もあるのだ。

9

同じ公園なのに、右と左で名前が違う

東京には、数多くの**公園（都市公園）**がある。23区内には50ヘクタール（ha）以上の公園だけでも、先に紹介した水元公園、葛西臨海公園のほか、光ヶ丘公園、代々木公園、上野恩賜公園、舎人公園の全6カ所ある。児童公園などの小さなものまで含めると、数えきれないほど多くの公園が存在している。

東京が大都会でありながら緑豊かな公園が多いのは、江戸時代には大名屋敷など大きな屋敷がいたるところにあったためだとされている。それらの屋敷が、幕府の崩壊によって廃墟と化し、明治時代以降に公園として整備されたのである。

河川や道路、鉄道の線路などが23区の区境になっているケースが多いが、公園が区境になっている、いや、区境に公園が横たわっている場合もある。公園の中を区境が通っているのだ。23区には思いのほかそのような区境が多い。公園内に区境を示す線が引かれているわけではないし、区境を示す標識が立っているわけでもないので、公園を訪れた人たちは公園内を散歩していても気づかないことが多い。いつの間にか区境を越えている場合が往々にしてある。

公園がふたつの区にまたがっているので、園内で犯罪や事故、火災などが発生した場合に、どちらの区が管轄するのかという問題が起こり得る。また、公園内の清掃やゴミ処理などでトラブルが発生しないように、両区による話し合いが必要となるのである。

中央線の千駄ヶ谷駅の北側に、「新宿御苑」という公園がある。面積は、実に東京ディズニーランドよりも広い。公園というより庭園と言ったほうがふさわしいだろう。お花見の時期には多くの人でにぎわうが、新宿御苑は環境省が管轄する「国民公園」で、都市公園ではない。新宿御苑という公園名から、新宿区にあると思われがちだが、敷地の約3分の1は渋谷区にまたがっている。新宿御苑の大木戸門は新宿区だが、千駄ヶ谷門は渋谷区である。園内にはいくつも池があるが、そのうちの中ノ池に新宿区と渋谷区の区境が通っている。池の中に両区の境界線が走っているとは、まさか思いもしないだろう。

江戸城の外濠跡に整備された外濠公園は、千代田区と新宿区にまたがっている。そのほか、1964（昭和39）年に開催された東京オリンピックの会場となった駒沢オリンピック公園も、世田谷区と目黒区のふたつの区にまたがっている。ほとんどの競技施設は世田谷区側にあるが、駒沢競技場と軟式野球場は真ん中を世田谷区と目黒区の区境が通り抜けている。

港区の白金台にある国立科学博物館附属自然教育園は、その多くが港区だが、公園の敷地のごくわずかな土地は品川区にまたがっている。練馬区の北部にある光ヶ丘公園は、一部が板橋区に入り込んでいる。

このほかにも、林試の森公園（目黒区・品川区）、城北中央公園（板橋区・練馬区）、浮間公園（板橋区・北区）、哲学堂公園（新宿区・中野区）など、ふたつの区にまたがっている公園は多い。

風変わりな公園というか、極めつけの公園が**龍閑《りゅうかん》児童公園**だろう。名前を聞いても、地元の人以外、知っている人はほとんどいないのではないだろうか。それもそのはず、龍閑児童公園は縦15ｍ、横30ｍの豆粒ほどの小さな公園だからである。こんなに小さな公園であるにもかかわらず、公園の中を区境が通り抜けているのだ。千代田区岩本町と、中央区日本橋小伝馬町の境目になっている。園の約3分の2が千代田区、残りの3分の1が中央区である。江戸時代に発生した明暦の大火後に、防火帯として開削された龍閑川という人工河川が、かつて公園内を流れていた。戦後は埋め立てられてしまったが、龍閑川が日本橋川に注いでいたという河口の跡は現在でも残っている。その龍閑川の河川跡が、千代田区と中央区の区境になっているのだ。

龍閑児童公園には大きな特徴がある。それは、小さなひとつの公園だが、千代田区側と中央区側で「名前」が微妙に違うのだ。

千代田区のほうが「龍閑児童公園」と呼ばれるのに対し、中央区のほうは「龍閑児童遊園」と言う。公園内には、「千代田区立龍閑児童公園」「中央区立龍閑児童遊園」と、それぞれの区名を強調した標示板が掲げられている。

区境にある公園

神田佐久間町四丁目
東神田三丁目
久間河岸
浅草橋駅
東神田二丁目
開智日本橋学園中・高校
日本橋馬喰町二丁目
千代田区
一橋高校
東神田一丁目
日本橋馬喰町一丁目
龍閑児童
公園
馬喰町駅
竹森神社
日本橋横山町
龍閑児童
遊園
馬喰横山町駅
日本橋小伝馬町
中央区
東日本橋
東日本橋三丁目
小伝馬町駅
日本橋大伝馬町

トイレは千代田区側にある。中央区側には公園に隣接して竹森神社というこじんまりした神社が鎮座している。神社の周辺は、かつて「江戸七森」のひとつとして知られる森林地帯だった。竹やぶがあったことから、神社の周りには竹細工職人が多く住んでいたという。龍閑児童公園（遊園）も竹森神社も、この地域のちょっとした観光スポットになっている。

10

23区にある自動車のナンバープレートの境界線

東京23区内に網の目のように張り巡らされている道路には、溢れんばかりの自動車が走っている。当然のことだが、自動車にはすべて**ナンバープレート**が装着されている。このナンバープレートには、車両番号のほか、自動車の所有者の所在地を示した地名も表記されている。

日本に自動車が導入されたのは1898（明治31）年だが、自動車にナンバープレートの装着が義務付けられるようになったのは、それから10年ほど経った1907（明治40）年のことである。当時は車両番号だけで、地名は表記されていなかった。ナンバープレートに地名が表記されるようになったのは、大正時代に入ってからのことである。

自動車の増加にともない、車両番号のほかに1〜9の分類番号、平仮名文字も記載されるようになった。東京は日本の首都だからか、例外的に東京の自動車は地名が表記されなかったのである。しかし、自動車の所有台数が増えてくると、車両番号と分類番号、平仮名の表記だけでは自動車の所有者を特定できなくなる恐れが出てきた。そこで、もっとも自動車の所有台数が多かった東京は、1962（昭和37）年、「品」「足」「練」「多」の4つの地域に分割されることになったのである。これらは、品川、足立、練馬、多摩という4つの地名の頭文字である。

地名が「品」「足」「練」「多」という頭文字から、「品川」「足立」「練馬」「多摩」のようにフル表記されるようになったのは、1964（昭和39）年になってからのことだ。東京23区は「品川」「足立」「練馬」の3つの地域に区分されたが、なぜ23区からあえて品川、足立、練馬の3区が選ばれたのか。それは、東京運輸支局の本庁舎が品川区に、支所（自動車検査登録事務所）が足立区と練馬区に設けられていたため、その所在地を表わしているのだ。

ところで、運輸支局の本庁舎および支所が管轄する自動車のナンバープレートの境界線は、どこだろうか。

本庁舎が管轄する地域は「品川」ナンバーを冠している。千代田、中央、港の都心3区と、品川、目黒、大田、世田谷、渋谷の合計8区がそれに該当する。

練馬自動車検査登録事務所が管轄する地域は「練馬」ナンバーを冠する。新宿、文京、中野、杉並、豊島、北、板橋、練馬の合計8区である。

足立自動車検査登録事務所が管轄する地域は「足立」ナンバーを冠する。台東、墨田、江東、荒川、足立、葛飾、江戸川の合計7区である。この境界線を知っている人は、東京在住の人でも意外に少ないようだ。

本庁舎は全8区のほか、伊豆諸島や小笠原諸島も管轄区域である。伊豆大島や八丈島などへ旅行したとき、島内を走る自動車がすべて「品川」ナンバーでびっくりしたという話をよく聞く。「品川」ナンバーといえば、東京の都心部を走る「ブランドナンバープレート」としてもっとも人気が高いからだ。

地域振興策の一環として2006(平成18)年10月には、ご当地ナンバー制度が導入

自動車のナンバープレートの境界線

※伊豆諸島・小笠原諸島は
「品川」ナンバー

され、18地域が認定された。このご当地ナンバーは想像以上に人気が高く、2013（平成25）年8月には第二弾として10地域が追加認定された。その中に「世田谷」と「杉並」があった。これにより、本庁舎は「品川」と「世田谷」、練馬自動車検査登録事務所は「練馬」と「杉並」の2種類のナンバーを交付することになったのだ。

さらに、2017（平成29）年5月には、ご当地ナンバーの第三弾の募集を開始し、17地域が認定された。東京23区では「板橋」「江東」「葛飾」の3種類のナンバーが新たに誕生することになっている。

11

東京23区、なのに市外局番が048？

各家庭や会社の事務所などに設置されている固定電話には、地域ごとに**市外局番**が設定されている。市外局番は全国におよそ700件ある。全国には1741の市町村があるので（東京23区も含む）、ひとつの市外局番を約2・5の市町村が利用していることになる。どの市町村も、市外局番の最初の数字は（0）ではじまっているが、これは市外局番ではなく、「国内開放番号」と呼ばれるものである。国内通話をする際に最初に使用する番号なのである。海外から日本に国際電話をかける場合には、この（0）は必要ない。（0）をとった数字が市外局番になる。たとえば、東京23区の市外局番は（03）だと思っている人が多いが、厳密には（3）が正しい。だが、一般的には国内開放番号の（0）と市外局番の（3）をセットにした（03）が、市外局番として認識されているため、ここでは（0）も市外局番の一部として扱うことにする。

市外局番は地理的な位置によって、01から09までの9地域に区分されている。(01)は北海道・東北北部、(02)は南東北・北関東・信越、(03)は東京、(04)は南関東、(05)は東海・山梨、(06)は大阪、(07)は近畿・北陸、(08)は中国・四国、(09)は九州・沖縄というように、その数字からおおよその地域がわかる。

市外局番の範囲は、自治体の境界線によってきっちり分かれていると思っている人も意外と多いのではないだろうか。が、実際には、ひとつの市外局番が複数の自治体にまたがっていることが少なくない。また、平成の大合併で大規模な統合が行われたため、同じ市内なのにいくつもの市外局番を持っている自治体もある。このままではわかりにくいばかりではなく、生活に何かと支障が出る恐れもあるため、市内全域で市外局番を統一しようという動きもある。

日本一面積が広い岐阜県の高山市では、いまだに(０５７７)(０５７８)(０５７６９)と、３種類の市外局番が使用されている。

市外局番が県境をまたいでいる例もある。たとえば、三重県の各市町村の市外局番

市外局番の境界線

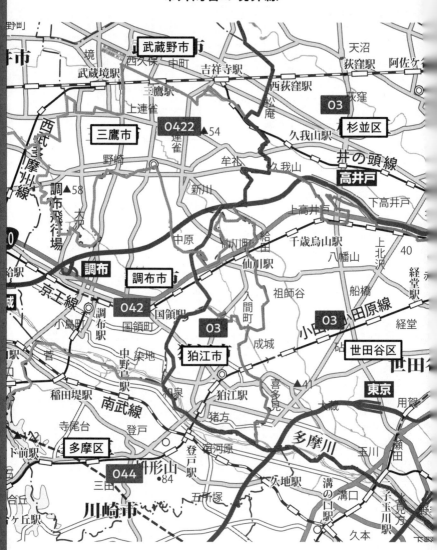

武蔵野市
三鷹市
調布市
狛江市
杉並区
世田谷区
多摩区
川崎市
0422
03
042
044
調布
高井戸
東京
天沼
荻窪駅
阿佐ケ谷
西荻窪駅
荻窪
松庵
吉祥寺駅
西久保
中町
武蔵境駅
境
三鷹駅
上連雀
久我山駅
井の頭線
牟礼
久我山
野崎
新川
下高井戸
上高井戸
千歳烏山駅
八幡山
上北沢
中原
仙川町
給田
仙川駅
西武多摩川線
調布飛行場
大沢
京王線
調布駅
国領駅
国領町
小島町
祖師谷
入間町
船橋
経堂駅
経堂
小田急小田原線
成城
砧
菅
中野島駅
狛江駅
喜多見
稲田堤駅
南武線
猪方
大蔵
用賀
多摩川
寺尾台
登戸
宿河原
登戸駅
玉川
瀬田
久地駅
溝の口駅
溝口
二子玉川駅
三田
五所塚
久本

は（059）ではじまるが、三重県の最南端に位置する紀北町の市外局番は、和歌山県新宮市と同じ市外局番（0735）、三重県木曽岬町の市外局番は、愛知県弥富市と同じ市外局番（0567）である。

ところで、東京23区の市外局番が（03）であることは広く知られている。では、（03）は23区だけの市外局番なのかというとそうではない。市外局番は（03）だけれど、東京23区ではない地域もある。

たとえば、世田谷区に隣接する狛江市は東京都多摩地域だが、市外局番は西端の西和泉地区を除いて（03）が使われている。調布市も同じく、東京都多摩地域で市外局番は（042）である。だが、例外的に市の東部（緑ケ丘、仙川町、若葉町、入間町、東つつじケ丘、西つつじケ丘2丁目、国領町8丁目の一部）は（03）を使用している。市外局番が（0422）の三鷹市も、市の南東部（中原1丁目、新川1丁目、北野4丁目、牟礼1丁目の一部）の市外局番は（03）である。

本来は、市外局番の境界と自治体の境界が一致していることが望ましい。ではなぜ狛江、調布、三鷹の3市においては、このように市外局番が複雑に入り組んでいるのか。

地図をよく見ると、狛江、調布、三鷹の3市とも世田谷区に隣接している。このことからもわかるように、世田谷区の電話局から電話回線が敷設されたのが原因らしい。当時は、電話回線を敷設する技術が未発達だったため、河川や山地など地形的な要因から、同じ自治体でも統一した市外局番にすることができなかった。このため、隣の局である世田谷区の電話局から回線を敷設したと考えられる。もしくは、地域的なつながりが強い場合、行政の境界線を越えていても、地元の要望によって隣町と同じ回線にした、という例もあるらしい。同じ自治体でも異なる市外局番が存在するのは、こういった事情によるものと考えられる。

また、23区内でも、市外局番が（03）ではない地域がある。第五章1項で紹介した練馬区の飛び地がその唯一の例外だ。住所は練馬区だが、市外局番は（03）ではなく、埼玉県新座市と同じ（048）なのである。

12

同じ区民同士、選挙区が異なる不思議

選挙区にも、実は複雑な境界線がある。

選挙は衆議院、参議院の国会議員を選ぶために行なわれるほか、都道府県知事、市区町村長、市町村議会議員など、さまざまな役職を決めるために執り行われる。このなかで、特に衆議院議員の選挙区はこれまでに何度も改変された。

１８８９（明治22）年に公布された「衆議院議員選挙法」で初めて選挙区が定められた。当時は小選挙区制が採用された。その後、大選挙区制になったり小選挙区制が復活したり、中選挙区制になったと思ったらふたたび大選挙区制が採用されたり、と目まぐるしい変更が繰り返されたのである。

敗戦後の１９４７（昭和22）年３月、衆議院議員選挙法が改正され、ふたたび中選挙区制が採用されることとなった。全国を117の選挙区に分け、定員は466人と定めたのである。このなかで、東京都は7つの選挙区に区分された。定員は32人であった。

◇1947年当時の選挙区の区割り

・1区…千代田、中央、港、新宿、文京、台東
・2区…品川、大田
・3区…目黒、世田谷
・4区…渋谷、中野、杉並
・5区…豊島、北、板橋、練馬
・6区…墨田、江東、荒川、足立、葛飾、江戸川
・7区…多摩地区

その後、人口が増加した地域は議員定数が増員され、選挙区も分割された。1964(昭和39)年の公職選挙法の改正により、東京の選挙区はそれまでの7区から10区に増

えた。1区、5区、6区は2分割された。現行の1区は、「千代田区、港区、新宿区」がそのまま1区、「中央区、文京区、台東区」が新たに8区になった。現行の5区は、「豊島区・練馬区」がそのまま5区、「北区、板橋区」が新たに9区になった。現行の6区は「墨田区、江東区、荒川区」が6区に、「足立区、葛飾区、江戸川区」が新たに10区になった。その結果、議員定数も32人から38人と6名増員された。

1975（昭和50）年には、人口の増加が著しい多摩地区がふたつの選挙区に分割されて7区と11区が設置され、定数も3人増えて全部で41人になった。

◇1975年当時の選挙区の区割り

・1区…千代田、港、新宿
・2区…品川、大田、島嶼《とうしょ》部
・3区…目黒、世田谷
・4区…渋谷、中野、杉並
・5区…豊島、練馬
・6区…墨田、江東、荒川

選挙区の境界線―1947(昭和22)年

・7区…多摩地区
・8区…中央、文京、台東
・9区…北、板橋
・10区…足立、葛飾、江戸川
・11区…多摩地区

しかし、1994（平成6）年に公職選挙法が改正されると、中選挙区制は廃止となり、代わって「小選挙区比例代表並立制」が導入された。選挙区はその後、人口の増減によって各地で区割りが変更された。現在は議員定数465名のうち289名が小選挙区、176名が比例代表に配分されている。東京都の小選挙区は25に区分され、そのうち東京23区には17の選挙区が割り当てられている。

そこで問題となるのは、区境と選挙区の境界線である。

中選挙区制では、選挙区の境界は区境と完全に一致していた。けれど、小選挙区制では23区が17の選挙区に区分されたため、同じ区内に異なる選挙区の境界線が引かれ

選挙区の境界線—1975（昭和50）年

ることになったのだ。港区は1区と2区に、新宿区は1区と10区、品川区は3区と7区、大田区は3区と4区に分かれることになった。しかも、たとえば7区は品川、目黒、渋谷、中野、杉並の5つの区にまたがっているなど、選挙区の境界線は非常に入り組んでいて実に紛らわしい。自分の選挙区はどこからどこまでなのか、きちんとわかっている人が少ない、というありさまである。

一票の格差を少なくするためにはやむを得ない措置だったのかもしれないが、地域のつながりをほとんど無視した区割りとしか言いようがない。

わかりやすさという点に重点を置けば、区境と選挙区の境界線がきちんと一致していた中選挙区制のほうが、はるかに区民思いの選挙区制度と言えそうだ。

◇小選挙区制の区割り（2017年時点）

・1区…千代田、港、新宿
・2区…中央、港、文京、台東
・3区…品川、大田、島嶼部
・4区…大田

・5区…目黒、世田谷
・6区…世田谷
・7区…品川、目黒、渋谷、中野、杉並
・8区…杉並
・9区…練馬
・10区…新宿、中野、豊島、練馬
・11区…板橋
・12区…豊島、北、板橋、足立
・13区…足立
・14区…台東、墨田、荒川
・15区…江東
・16区…江戸川
・17区…葛飾、江戸川

浅井 建爾（あさい・けんじ）

地理、地図研究家。日本地図学会会員。子供のころから地図に興味を持ち、二十代のときに自転車で日本一周を完遂。ベストセラーになった『日本全国「県境」の謎』のほか、『知らなかった！「県境」「境界線」92の不思議』『「県境」&「境界線」の謎』『地図に隠れた日本の謎』（以上、実業之日本社）、『東京の地理と地名がわかる事典』（日本実業出版社）、『本当は怖い京都の地名散歩』（ＰＨＰ研究所）、『くらべる地図帳』（東京書籍）、『誰かに教えたくなる道路のはなし』（ＳＢクリエイティブ）、『日本全国境界未定地の事典』（東京堂出版）など著書多数。

【参考文献】

・『角川日本地名大辞典』(角川書店)
・『世界大百科事典』(平凡社)
・『日本地名大百科－ランドジャポニカ』(小学館)
・『東京百年史』(東京都)
・『東京の歴史散歩』(山川出版社)
・『全国市町村要覧』(第一法規)
・『最新基本地図』(帝国書院)
・『街ごとまっぷ東京都』(昭文社)
・『ミリオン文庫東京』(東京地図出版)
・『東京都最新区分地図帖』(東京地図出版)
・『日本史年表』(河出書房新社)
・『川を知る事典』(日本実業出版社)
・『東京の地理がわかる事典』(日本実業出版社)
・『東京の地理と地名がわかる事典』(日本実業出版社)
・国立公文書館資料
・国立国会図書館資料
・朝日新聞、読売新聞、毎日新聞、日本経済新聞、中日新聞
・東京都および23区の資料およびホームページ
・国土交通省国土地理院、総務省、環境省の資料およびホームページ

東京23区 境界の謎

二〇二〇年(令和二年)三月十九日　初版第一刷発行

著　者　浅井 建爾
発行者　伊藤 滋
発行所　株式会社自由国民社
　　　　東京都豊島区高田三―一〇―一一 〒一七一―〇〇三三
　　　　電話〇三―六二三三―〇七八一（代表）
造　本　ＪＫ
印刷所　株式会社光邦
製本所　新風製本株式会社

©2020 Printed in Japan.
○造本には細心の注意を払っておりますが、万が一、本書にページの順序間違い・抜けなど物理的欠陥があった場合は、不良事実を確認後お取り替えいたします。小社までご連絡の上、本書をご返送ください。ただし、古書店等で購入・入手された商品の交換には一切応じません。
○本書の全部または一部の無断複製（コピー、スキャン、デジタル化等）・転訳載・引用を、著作権法上での例外を除き、禁じます。ウェブページ、ブログ等の電子メディアにおける無断転載等も同様です。これらの許諾については事前に小社までお問合せください。また、本書を代行業者等の第三者に依頼してスキャンやデジタル化することは、たとえ個人や家庭内での利用であっても一切認められませんのでご注意ください。
○本書の内容の正誤等の情報につきましては自由国民社ホームページ内でご覧いただけます。
https://www.jiyu.co.jp/
○本書の内容の運用によっていかなる障害が生じても、著者、発行者、発行所のいずれも責任を負いかねます。また本書の内容に関する電話でのお問い合わせ、および本書の内容を超えたお問い合わせには応じられませんのであらかじめご了承ください。

Special Thanks to:
編集協力　柴田 恵理